# 延伸式阅读教学的实践探索

马宇萍 著

上海大学出版社
·上海·

**图书在版编目(CIP)数据**

延伸式阅读教学的实践探索 / 马宇萍著. —上海：
上海大学出版社，2023.12
 ISBN 978-7-5671-4816-1

Ⅰ. ①延… Ⅱ. ①马… Ⅲ. ①阅读课-教学研究-小学 Ⅳ. ①G623.232

中国国家版本馆 CIP 数据核字(2024)第 000193 号

责任编辑　石伟丽
封面设计　缪炎栩
技术编辑　金　鑫　钱宇坤

## 延伸式阅读教学的实践探索

马宇萍　著
上海大学出版社出版发行
(上海市上大路 99 号　邮政编码 200444)
(https://www.shupress.cn　发行热线 021-66135112)
出版人　戴骏豪

\*

南京展望文化发展有限公司排版
上海光扬印务有限公司印刷　各地新华书店经销
开本 710mm×1000mm　1/16　印张 16.5　字数 185 千
2024 年 1 月第 1 版　2024 年 1 月第 1 次印刷
ISBN 978-7-5671-4816-1/G·3596　定价　78.00 元

版权所有　侵权必究
如发现本书有印装质量问题请与印刷厂质量科联系
联系电话: 021-61230114

# 序言 PREFACE

和马宇萍老师相识已经20多年了,作为她的师傅,非常高兴地看到这些年她始终坚守在教学岗位上,在做思考和研究,在延伸式阅读教学上提出自己的见解和想法。

依托统编版语文教材主编温儒敏先生提出的"1＋N"阅读教学理念,她提出了"延伸式阅读教学"的概念。延伸式阅读注重阅读策略的迁移和运用,立足统编版教材,构建"1＋N＋∞"的阅读体系。其以"1"为基础,夯实课内文本教学与阅读策略指导;以"N"为踏板,根据不同年级不同单元的要求,精选课外推荐阅读书目;以"∞"为目的,通过丰富的阅读活动,展示阅读成果,将阅读的快乐无限延伸。

在开展延伸式阅读教学的过程中,马老师注重教材阅读策略单元中阅读方法的指导,即"1"的指导过程。因为教读,在于学"法"、得"法"。依托统编版教材"人文主题＋语文要素"双线结构,教师重视讲解、指导和示范,关注到不同文体的阅读方法不同,在进行教学设计时着眼于一类文章的阅读方法与阅读策略引导,并且关注过程,结合每一册教材的单元要素与课文的不同题材,解读教材并进行有效的方法指导。

有了"1"（精读课文）的方法指导，"N"的阅读在于悟"法"、用"法"。"N"从教材中的略读课文入手，进而延伸至课外书目的阅读。从每一册的阅读策略入手，制定了分学段的阅读推荐书单，帮助学生将学到的知识、方法和能力运用于自主阅读中，在自读训练中加以练习。在学生阅读课外推荐书目的过程中，以画思维导图、制作人物档案、绘制阅读记录卡、做批注等活动为任务驱动，进行有效阅读。同时，适当邀请学生交流所阅读的内容，对于学生不理解的内容进行一定的帮助与指导。

在落实完善"1+N"的同时，马老师也关注到学生阅读兴趣的提升和语文核心素养的提升，重视阅读拓展。通过开展"延伸阅读 助力成长"的语文项目化活动，结合教材中延伸阅读点及各年级学生特点开展了朗诵、编演课本剧、活动汇报、演讲等不同形式的阅读交流展示活动，引导学生去认真、有效地阅读，帮助学生在更大范围内锤炼阅读能力，让阅读的兴趣渐渐养成，以阅读促成自我学习和终身学习，将阅读的快乐无限延伸。此外，通过学生自评、教师评价、生生互评、家长评价等，从阅读的时间、阅读的态度、阅读的专注度和阅读成效等不同维度对学生的阅读建立评价体系来保持学生阅读的持续性。

延伸式阅读帮助孩子们在阅读中感知社会，在阅读中领悟道理，在阅读中体味生命的力量，用人类文明中最美好的精神食粮滋养着孩子们幼小的心田，使他们成为健康、全面发展的人。阅读对孩子们长远的影响是潜移默化的。孩子们曾经读过的书，一定会不知不觉地滋养、改变他们的人生。同时通过参与各类阅读相关的活动，如绘制思维导图、建立书中人物档案、填写阅读记录卡、完成阅读报告等,提高在阅读中运用教读学到的知识、方法的能力,从而提升学生的核心素养。

在延伸式阅读开展的过程中,马老师立足统编教材,建立延伸式阅读实施的组织架构图,精挑细选出与相应学段教材阅读策略相匹配的阅读书目体系,探索出"延伸式阅读"教学的有效策略。

希望马老师能再接再厉,在教学研究上更上一层楼!

全国小学语文教学研究会原学术委员会主任  上海师范大学研究员

2023年9月于上海

# 目录 CONTENTS

序言 …………………………………………………………… 001

**第一章　延伸式阅读教学的概述** …………………………… 001
　一、延伸式阅读教学的原则 ………………………………… 004
　二、延伸式阅读教学的理论意义 …………………………… 008
　三、延伸式阅读教学的实践意义 …………………………… 016

**第二章　延伸式阅读教学的理论基础** ……………………… 029
　一、维果斯基的最近发展区理论 …………………………… 029
　二、多元智能理论 …………………………………………… 034
　三、迁移理论 ………………………………………………… 036
　四、"大语文教育"观 ……………………………………… 040

**第三章　延伸式阅读教学的现状调查** ……………………… 043
　一、调查目的 ………………………………………………… 043

二、调查对象 …………………………………… 043
三、调查方法 …………………………………… 044
四、调查结果分析 ……………………………… 047

## 第四章　延伸式阅读教学现存问题及原因分析 ………… 109
一、现存问题 …………………………………… 109
二、原因分析 …………………………………… 128

## 第五章　延伸式阅读教学的提升对策 ………………… 138
一、提升阅读素养，增强教学能力 …………… 138
二、强化教研培训，丰富教学方法 …………… 143
三、注重引领提升，确保有效实施 …………… 147
四、完善条件保障，创造阅读环境 …………… 152

## 第六章　课例分析 ……………………………………… 158
统编版小学语文一年级下册《快乐读书吧：读读童谣和
　　儿歌》课例 ………………………………… 158
统编版小学语文二年级下册第四单元儿童诗延伸阅读
　　课例 ………………………………………… 170
统编版小学语文三年级上册《13*胡萝卜先生的长胡子》
　　教学课例 …………………………………… 186
统编版小学语文四年级下册《科普读物交流会》课例 …… 198
统编版小学语文四年级上册《18 牛和鹅》教学课例

——批注阅读策略教学 ················· 208
统编版小学语文五年级上册"快乐读书吧"延伸式阅读
　　课例 ························· 222

## 第七章　延伸式阅读教学模式创建——"1＋N＋∞"阅读
　　体系 ························· 233
　一、"1＋N＋∞"延伸式阅读教学体系概述 ········ 233
　二、"1＋N＋∞"延伸式阅读教学的目标 ········· 235
　三、"1＋N＋∞"延伸式阅读教学体系内容 ········ 238
　四、"1＋N＋∞"延伸式阅读教学体系评价 ········ 246

**后记** ···························· 250

# 第一章　延伸式阅读教学的概述

在我国中小学语文课程中,阅读课是重要的组成部分,是母语教育的主要载体。中小学语文课的绝大部分课时都用于阅读教学。而学生语言能力的提高、听说读写技能的培养,主要是通过阅读教学实施的。PIRLS(Progress in International Reading Literacy Study,国际阅读素养进步研究)和 PISA(Programme for International Student Assessment,国际学生评估项目)这两个国际阅读素养测评项目都对"阅读"的内涵进行了明确的界定。PIRLS指出"阅读"是指一项既属于个人认知也涉及社会成规的活动,参与者(即读者)被要求能够流畅、有效率地把以语言符号为载体的篇章,转化为其他读者也会获得相似结果的意义,使其在社会上成为无论在个人性情发展抑或社会功利上均有成就的成员。而PISA将"阅读素养"描述为:"为了实现个人发展目标,增长知识、发挥潜力并参与社会活动,而理解、使用、反思书面文本并参与阅读活动的能力。""阅读素养的发展并不局限于知识和技能的发展,也涉及动机、态度和行为。"① 实际上,过去与当今关于"阅读"的相

---

① 国际学生评估项目中国上海项目组.质量与公平:上海 2009 年国际学生评估项目(PISA)结果概要[M].上海:上海教育出版社,2011:6.

关理念也大有不同。过去更侧重于将阅读视为人们能够从书面语言中提取信息的一种基本的学习活动。而《义务教育语文课程标准（2022年版）》（简称新课标）是新时代背景下语文课程实施、语文课程改革深化的纲领性文件，其中指出，阅读是搜集处理信息、认识世界、发展思维、获得审美体验的重要途径。此外，新课标针对不同年龄段的学生的课外阅读量作出了具体规定，比如将小学学习年限划分为三个学段，每个学段均对学生的课外阅读总量提出了明确的要求，难度循序渐进、层层递增、科学合理。与此同时，针对不同年级学生课内外阅读的书目也进行了相应的推荐与介绍。

在统编版小学语文教材中，可以发现新增设了"和大人一起读""快乐读书吧"等特色栏目，其目的是要求教师在课堂中对一些优秀经典书目（包括课内与课外）进行导读，进而能够使学生产生阅读欲望，充满阅读热情与兴趣，学会在课外自主进行延伸阅读，享受阅读带来的乐趣。由此可见，从对不同学段的学生课外阅读的明确要求到将课外阅读纳入教材的编写当中，课外阅读的重要性不言而喻。但是，要深知虽然阅读课在中小学语文课程中占据很大的课时比例，这并不意味着语文课是为了阅读才去阅读，也不是为了学习如何阅读而进行阅读教学，更不是为了获得优异的阅读成绩才去阅读。因为阅读并非仅仅是为了学习，它能够使我们收获丰富多彩的人生体验和更为广博的知识，增长个人能力。所以，阅读不仅很有必要，而且具有宝贵价值。我们应该把阅读作为一种学习方式，而不是仅仅为了获得语文考试的分数。

苏联教育家苏霍姆林斯基在《给教师的建议》一书中就曾鞭辟入里地指出："学生的学习越困难，在脑力劳动中遇到的困难就越多,他就越需要多阅读;就像感光力弱的胶卷需要更长的感光时间一样,成绩差的学生的智力也需要更明亮和更长时间的科学知识之光来照耀。不是补习,不是没完没了的'督促',而是阅读、阅读、再阅读……"①而美国著名语言教育家斯蒂芬·克拉生通过大量实验和相关研究资料证明:直接教学对提高学生的语文能力没有功效,直接教学低效甚至无效,阅读比直接教学更有效。这样的研究结果无疑给人们当头一棒,迫使每个教育工作者不得不深思现实的语文阅读教学所面临的尴尬处境。斯蒂芬·克拉生进一步指出阅读不仅能够有力培养学生阅读理解、写作、词汇、语法和拼写等方面的能力,而且能够有效促进学生的认知发展,缓解恐惧写作的心理,获得良好的心流体验。②显而易见,这些教育家们无不强调阅读的重要意义。阅读,在中小学语文课程当中一直占据着至关重要的地位,可以说语文教学很大一部分都是在开展阅读教学,同时它也是提高学生综合能力的有效途径。在基础教育小学阶段,阅读教学所占的课时比重大,所需的教学时间长,所要承担的教学任务也很多,因此,整体的语文教学质量难免会受到阅读教学效果的影响,甚至阅读教学成效还会影响到小学阶段的语文教学目标是否能够顺利地实现。为了突破并解决这个问题,笔者所在的上海市浦东新区明珠森兰小学从2016年开始小学语文延伸式阅读教学的实践探索,并成立相关课题组。"延伸式阅读教学"的研究,立足于课内文本阅读,注重将习得的阅读策略迁移并应用于课外阅

---

① B.A.苏霍姆林斯基.给教师的建议[M].周蕖,王义高,刘启娴等译.武汉:长江文艺出版社,2018:70.

② 斯蒂芬·克拉生.阅读的力量[M].李玉梅,译.乌鲁木齐:新疆青少年出版社,2012.

读中,实现课内文本与课外阅读的有机沟通,旨在全面提升学生的阅读水平和个人素养。然而,实际语文阅读教学情况却不容乐观,不少教师更加注重课内阅读的教学,偏重字、词、句、篇章的教授,或者仅做单篇课文教学,对课外阅读书籍只是停留于简单的介绍和推荐层面,更不谈上对学生的课外阅读作出相应的指导与帮助了。事实上,在现实生活中我们常听到许多语文教师担心完不成"教学任务",实际上,这个"任务"指的是语文课本上的一段一段的文本。虽然语文教师花费了大量的时间与精力来教阅读,但是实际阅读教学收效甚微,教师们忙于完成教学任务,不会将时间匀出来做好学生的课外阅读指导。小学生年龄尚小,身心各方面仍处在不断发展中,由于缺乏对课外阅读价值的清晰认知,进一步导致对课外阅读提不起兴趣,存在不少学生阅读内容浅显单一,阅读方法欠缺,阅读碎片化、功利化、低效化等现象,再加上缺乏良好的阅读氛围与环境的创设,学生的阅读状况与教师的阅读教学质量不佳。因此,延伸式阅读教学的理论研究与实践探索更突显出其重要意义,也能够进一步为语文阅读教学的改善与优化提供一定的参照和借鉴。

## 一、延伸式阅读教学的原则

延伸式阅读教学有利于学生语文素养的提高,在开展延伸式阅读教学的工作时,应该遵循以下几个原则:

(一)以学生为本的原则

学生才是学习的主体与主人。培养学生自主拓展延伸的能力,则能有效地促进学生自主学习、自主探究、自主解决问题。① 教学的根本目的在于促进学生的发展,围绕学生这个主体来实施教学,延伸式阅读教学也是如此。所谓以学生为本就是要结合学生的年龄特征、知识能力、身心状况、兴趣爱好以及个体差异等方面,更加科学有效地开展延伸式阅读教学。当下在语文教学实践中普遍存在的一个问题就是:教师讲得太多,问题提得过杂,学生自我阅读空间过于狭小,这样的阅读教学使得学生成为忙于应答、被动的接受者,而与想培养学生独立主动的阅读意识和习惯的初衷背道而驰。学生阅读的过程应该是发现作品意义的过程,需要学生在阅读时自己去感悟和体验,与作品本身进行对话,才能获得多样的阅读感受并进行个性解读,最终在阅读的过程逐渐学会阅读,享受阅读,爱上阅读。目前,在小学阶段仍然是以班级授课制为教学的基本组织形式,完全的"一对一"显然不具有可操作性。鉴于此,教师为学生推荐的书籍应该是一个"大圈",即教师所列作品应当具备一定数量,再由学生根据个人情况在"大圈"内自行选择一些作品阅读。同时,在教学过程中,要对所涉及作品的大致情节和创作背景进行介绍,这样既能照顾学生的个性化阅读,也能保证统一授课的可操作性。因而,在延伸式阅读教学中,教师要秉持以学生为本的理念,将学习的主动权还给学生,把学生的学习兴趣和阅读能力作为主要考虑的因素,根据不同年级的不同学生精选和推荐适宜的阅读作品,调动学生参与阅读活动的积极性,主动探索、尝试、选择适合自己的阅读方式和内容,从而真正成为学习的主人。

---

① 马玉春.拓展延伸:开放视域下的语文阅读教学[J].新课程(上),2014(11):41,43.

## （二）以教材为依托的原则

教材是课程资源的一种，是课堂教学内容的重要载体，也是学生学习的主要资源和工具，同时是教师教学的主要依据。而小学语文教材中蕴含着生动具体、丰富多彩的内容，是学生开阔视野、获得知识、培养能力的信息资源。所谓以教材为依托指的是延伸式阅读教学所选的作品应该是对教材文本的补充、强化和超越。换句话说，延伸式阅读教学要以课内阅读为基础，但又不能局限于教材文本，要在课内阅读的基础上进行提升。叶圣陶先生曾说过，语文教材无非是个例子，应当凭借这个例子使学生学会举一反三、触类旁通。当前语文阅读教学存在两个主要问题：一是漠视文本；二是孤立阅读。对文本的漠视具体表现在将课文解读视为课业负担，未能充分利用其文本所蕴含的精神内涵引导学生深化思维认知。由此，学生阅读课文便只是停留在感性理解层面上，只知文章中心大意，不求深入解读。孤立阅读则具体体现在较少考虑到利用其他优秀文本或者关联先前学过的异同文本进行比较分析，往往学习完一篇课文后就此打住，这样容易造成学生思维的禁锢，限制学生的认知视野。教师应该是"用教材教"，而不是"教教材"。总之，阅读教学应当做到"由此及彼"，在"此"和"彼"之间如何建立起关系，这就需要语文教师在研读教材时精心选点、设点，使要延伸的内容与课文在背景、语言、风格等方面存在共同点，可以有机联系起来，但也不能为了延伸而延伸，而要结合具体现实情况进行考量。

## （三）灵活性原则

在进行阅读延伸教学时，不需要将教学的场地限制在课堂内，更多是要向外部进行延伸,通过课外读物的合理使用增加学生的阅读涉及的范围,强化学生自身的能力。① 所谓灵活性是指延伸式阅读选择的作品不一定非要与教材作品在内容上有直接的联系,间接相关也不失为一种联系。就以统编版小学语文五年级下册第二单元第一篇课文《草船借箭》为例,教材编排《草船借箭》意在让学生通过课文的学习掌握阅读经典名著的方法和技巧,并了解该文本类型的写作特点和表达方式。因此,在实施延伸式阅读教学的过程中,可以引导学生将这种阅读方法迁移应用到其他古典名著阅读中去,这样既能够体现教材作品的基础性,又可以体现延伸式阅读的超越性。作为语文教师,学生的认知发展水平与阅读兴趣应当作为推荐延伸式阅读作品的重点考虑因素,不能仅仅局限于教材所推荐的阅读作品,又或者是基于自身教学经验选取相应阅读作品,应当深入挖掘丰富的阅读资源,鉴别并精选真正适合学生年龄特点和学习需求的课外优秀读物,以实现课外阅读与课堂阅读教学相互补充、双管齐下的最佳效果。比如,在讲授巴金的《繁星》这篇课文时,除了向学生介绍巴金的"激流三部曲"外,还可以联系冰心的同名诗作《繁星》,引导学生在学会阅读同类、同系列作品的同时,还能够懂得进行比较赏析其他文学作品,指导学生将掌握的相关知识与阅读方法融会贯通到课外阅读中去,从而促进学生阅读能力与水平的提高。总之,在进行延伸式阅读作品选择的时候不能过于狭隘,应当根据现实情况进行灵活变通,以期推动延伸式阅读教学的有效开展与落实。

---

① 孙业超.小学语文教材延伸性阅读教学价值浅谈[J].读写算,2022(11):148-150.

## 二、延伸式阅读教学的理论意义

(一) 拓展语文学习空间，实现语文课程创新

语文学习一共有五大板块，包括识字与写字、阅读、写作、口语交际、综合性学习。在这五个学习板块中，"阅读"是提高语文教育水平和教育质量的关键。试想，倘若阅读教学出现诸多问题而停滞不前，那么其他领域诸如写作、口语交际和综合性学习等在语文教学中出现的问题就会更多，同时，识字与写字教学也会受到很大程度的牵连。随着社会的快速发展和科学技术的不断进步，近年来，义务教育语文课程标准的创新性进一步凸显，它倡导注重立足语文学科核心素养，明确学习任务群的定位和功能，不断强化语文学科学习的情境性、实践性和创新性，以促进教学内容与教学方式的深层次变革。基于"1+N"阅读教学理念，延伸式阅读教学模式可谓语文课程创新的重要方式，符合现阶段义务教育课程方案和课程标准提出的新要求。语文学习绝不能简单地等同于对语文教材的学习，阅读教学也不单单是就课文讲课文。倘若仅仅依靠教师讲解课文知识，偏重字、词、句、篇章的教授与掌握，学生被动地接受教材知识并完成相应的练习题的方式来学习语文必定是远远不足够的。语文学习一旦局限于课堂知识的传授，那么课堂教学内容和教学形式必然过于呆板、单一、片面。语文课堂教学势必缺乏一定的活力，学生感受不到语言文字带来的乐趣，体会不到语文学习带来的快乐，更不用说在教学的指导下进行广泛的课后阅读与实践了，同时学生的创新性和思维能力的良好发展也会受到阻碍。顾明远教授就认为课外阅读是指学生课外通过阅读书报等进

行学习的方式,具有课堂教学和学科活动所不能替代的作用。[①] 因此,课外阅读是语文课程的重要组成部分,更是课内阅读不可或缺的延伸和拓展。学生通过课外阅读不仅能够有效促进语言能力、智力的发展,而且能够陶冶情操,丰富精神世界,获得多样的成长体验。课外阅读可谓学生开启知识宝库的一把金钥匙,使学生能够以书为伴、以书为友,在浩瀚的书籍海洋里尽情驰骋和快乐遨游,收获人生的乐趣和愉快的审美体验。

鉴于此,延伸式阅读教学极大地彰显了"1+N"的教育理念,它大力倡导将课内文本与课外阅读进行有机链接,使教学内容不再固定于书本,立足课内的同时又延伸课外,教师得以充分发挥创造性,整合各种文本资源,拓宽语文学习空间,充实语文学习内容,拓展课程的深度与广度,调动课堂教学气氛,为语文阅读课堂教学增添活力,帮助学生领略语文的魅力,提升学生的文学功底,从而不断促进语文课程阅读教学实践的创新,实现"开放式"语文教学,转变过去的"封闭式"语文教学。与此同时,在阅读教学过程中,要突显学生的主体地位,构筑师生平等对话的课堂。阅读是一种个性化的行为。新课标指出:"学生对语文材料的感受和理解往往是多元的。因此,应该重视语文课程对学生思想情感所起的熏陶感染作用,注意课程内容的价值取向,同时也要尊重学生在语文学习过程中的独特体验。"小学生正处于儿童时期,是非、善恶、美丑还不能完全地分辨清楚,有时会产生与文本的价值取向不一致的体验,甚至与主流社会的价值取向也相背离,那么,教师就应当承担起价

---

① 顾明远.教育大辞典[M].简编本.上海:上海教育出版社,1999:285-286.

值引导的责任,做学生阅读活动的引导者和组织者,将学生引领到正确的人生轨道上。比如,延伸式阅读教学理念下,学生们踊跃参加学校组织的语文项目化学习活动,通过制作思维导图、手抄报、读书卡,参加诗朗诵,编演课本剧做科学实验等各种各样的方式来呈现各自的阅读成果,可谓是精彩纷呈、收获满满。纵观整个项目化活动的过程,不仅能够显著提高学生检索、搜集与分析资料的能力,通过有序分工的小组合作极大地增强学生之间团结协作的意识,而且开阔了学生们的视野,从而不断积累与丰富学科知识和生活知识。总而言之,为学生的语文学习开拓更加广阔的空间,在课堂上,学生能够更为主动地调动自身的学习能动性,参与课堂的热情也会更为高涨,从而能够积极地享受到语文学习尤其是阅读所带来的乐趣。在课后,学生们进一步钻研、阅读老师推荐的经典书目、优秀作品、经典名家之作或者自己感兴趣的一些书籍,将课内习得的方法、收获的感悟与获得的体验迁移内化到课外阅读中去,在此过程中不断实践、反思、总结,而后通过师生、生生之间热烈的互动交流、探讨,分别展示各自的阅读成果,以此不断地丰富与扩展学生的个人经历与阅读体验,从而促进下一次的阅读学习,最终形成良好的阅读循环。因而,延伸式阅读教学的实践能够极大地拓展语文学习的空间,丰富课堂教学内容,深度挖掘与利用课程资源,更是为学生的语文学习增添乐趣与美的体验,实现语文课程教学尤其是阅读教学的创新。

(二)充实阅读教学策略,构建"1+N+∞"阅读体系

教学策略是指为实现教学目标,完成教学任务,基于对教学活动的明确认识,对教学活动进行调节和控制的一系列实施过程,具

有指向性、操作性、综合性、调控性、灵活性、层次性等特点,体现了教师对教学活动的整体性把握。推进的措施有练习策略、归纳策略、启发策略等。而阅读教学策略的选择和运用必定受到阅读教学理念、阅读教学目标和阅读教学特点的指导或制约,因而教学策略具有一定的理论色彩,但本质上是属于操作层面的东西,是对教学理念、教学思想的具体化。纵观语文课程标准的历史发展,不仅紧跟时代步伐不断推陈出新,而且语文教育观念也在不断更新,更具科学化与时代化,为此阅读教学策略也必然跟着发生相应变化。① 现行统编版小学语文教材将学生所应具备的适应社会发展和终身发展的核心素养都一一编写在内,充分利用与开发教材是每一位教师应当首先做好的。但是光要做好这一工作显然不够,还应该引导学生从课内走向课外,将课内所得知识和技能综合运用于课外,再从大量的课外阅读中汲取营养以反哺和滋养课内,实现课内课外有机整合,实现活学活用,触类旁通、举一反三,进而提升学生的语文素养,浸润学生的美好心灵。阅读教学是语文课程中的一个重要部分,它的意义并不只是教授学生一定的知识和技能,它通过一篇篇蕴含着作者灵感、激情和思想的文章,对学生的情感、情趣和情操产生潜移默化的影响,进而影响学生对世界的感受、思考及表达方式,并最终积累成学生的价值观和人生观。因此,阅读教学并不只是对学生的阅读能力、识字能力、口语能力、书面表达能力等进行培养,还具有发展思维和创新能力、陶冶人文情操、提高审美品质等多种作用。但是,一些教师为了发挥语文课程的人文功能,热衷于挖掘语文课程中的人文元素,自觉或不自觉地

---

① 吴忠豪.小学语文课程与教学论[M].北京:北京师范大学出版社,2004.

把语文课上成思想品德课、人文社会课等，表面看，这似乎凸显了语文课程中的人文因素，实际上却削弱甚至掏空了语文课程本身应该承担的母语学习任务。还有的教师仅注重语文教材内的知识讲解与传授，造成阅读教学内容单一、深度与广度有限、教学方法僵化、阅读教学效果不佳等困境。新课标明确指出，阅读是学生的个性化行为，不应该以教师的分析来代替学生的阅读实践，而应让学生在主动积极的思想和情感活动中加深理解和体验，有所感悟和思考，受到感情熏陶，获得思想启迪，享受审美乐趣。因此，这就要求教师成为学生语文学习的引领者、指导者，将学习的主动权归还给学生，使学生真正成为语文课堂学习的主人，利用多样的方法有效激发学生进行课外阅读的浓厚兴趣，帮助学生养成广泛阅读的良好习惯。

延伸式阅读即构建"1＋N＋∞"的阅读体系，以"1"为基础，夯实课内文本教学与阅读策略指导；以"N"为踏板，根据不同年级不同单元的要求，梳理出阅读延伸的点（即阅读方法），精选课外推荐阅读书目；以"∞"为目的，以各学段分类推荐书单为载体，选取符合各学段目标的阅读策略进行实践，并将课内所学的方法延伸至课本之外的文章或者书籍阅读中，在此过程中形成与教材相配套的阅读书目体系，同时通过设置不同形式的阅读任务和活动作为任务驱动，保障学生阅读的持续性和有效性，最终落实语文学科的育人目标。构建"1＋N＋∞"的延伸式阅读教学体系，是结合学校特点、考量师资力量以及基于学生的实际情况来进行的，它既符合新一轮课程改革所倡导的教育理念，又能紧密联系现实教育情境的具体情况，使之更加有利于切切实实地践行与推进。比如，面向三年级学生开展的以"童话故事"为主题的项目化活动，教师在学生此前学习过的有关童话故事的课文基础上进行延伸阅读,结合年级组确定的推荐阅读书目并基于教材出发向学生做课外阅读导读,学生可以对自己感兴趣的、喜爱的童话故事进行研读,并将阅读中的所思、所想记录下来,制作PPT,与同学、老师进行分享,或者以小组为单位共读一本书,通过制作小报、设计小广告或者思维导图的形式向大家介绍与推荐。"延伸式阅读"落地的关键之一就在于教师要懂得结合课堂教学的不断实践,教研组也要及时进行总结与反思,探索出延伸式阅读教学的有效策略,通过理论与实践相结合达到提升学生阅读能力的初衷。这样做不仅能够进一步丰富现行阅读教学方法,而且能够增添语文阅读课堂活力与魅力,使得学生能够积极阅读、爱上阅读、快乐阅读,养成良好的阅读习惯,包括眼、口、手、心都到的习惯,熟练运用精读、略读等各种阅读方法和技巧的习惯。语言教育家吕叔湘先生曾经说过,如果一种教学是一把钥匙,那么,在所有方法上还有一把总钥匙,它的名字就叫作"活"。这句话意在强调阅读教学策略的选择必须因文而异,因人而异,因课而异。因而,教师需要将各种阅读教学策略加以优配和互补,灵活地、创造性地进行综合运用,而不是将各种教学策略单一僵化,无法发挥出它的最大功效,唯有如此才能使得小学语文阅读教学不断向前推动和深入发展。

(三) 形成延伸阅读教学模式,加强语文阅读实践

阅读教学是一种以学生为主体,在教师的引导下,逐步提高其阅读水平的教学模式。它既具有一般教学模式的共同特征,又反映了阅读教学的基本规律。我国传统的阅读教学模式是典型的讲问分析的阅读教学模式。但是,在这样的阅读教学模式下,学生不

会阅读、没有自己的阅读观点,阅读体验与感悟不够深入,停留于表面层次,严重束缚了学生的创新思维的发展。面对这种教学现状,势必要探索、改进教学模式。新课标强调义务教育语文课程培养的核心素养是学生能够在积极的语文实践活动中积累、建构并在真实的语言运用情境中表现出来的,是文化自信和语言运用、思维能力、审美创造的综合体现。因此,小学阶段的语文阅读教学不仅注重培养学生的阅读理解能力,而且强调促进学生各方面的协调发展,从而有效提升学生的语文综合素养。自2017年秋全国小学自一年级起统一使用统编版语文教材以来,可以看到统编版小学语文教材建构了"三位一体"的阅读教学体系,即精读课、略读课、课外阅读课共同构成的小学阅读教学体系。精读课侧重教师教,品词析句,教授方法;略读课侧重学生学习,领略大意,运用方法;课外阅读课程化,扩大阅读面,活跃学生思维。由此可见,在小学语文教学中,阅读教学始终占据着不可撼动的地位,也是影响学生语文素养提升的主要因素,因此探索出延伸式阅读教学有效策略并形成延伸式阅读教学模式具有重要的理论价值和实践意义。

新课标进一步指出:"语文课程致力于全体学生核心素养的形成与发展,为学生学好其他课程打下基础;为学生形成正确的世界观、人生观、价值观,形成良好个性和健全人格打下基础;为培养学生求真创新的精神、实践能力和合作交流能力,促进德智体美劳全面发展及学生的终身发展打下基础。"也就是说,学生应当在丰富多彩的语文实践中学习语文,而不是靠教师讲解来接受语文知识。所以在阅读教学中,更应该强调语文实践,比如角色扮演、制作阅读卡、绘制小手抄报等活动,通过让学生多读,在阅读过程中进行体验与感悟,并且在此基础上去积累与运用,教师要有意识地根据课文创设情境,让学生能够有时间和更多的机会进行实践,使学生在活动当中内化课文文本,进一步丰富与充实自己的语言,在实践当中去提高学生各方面的能力。

传统的语文阅读课程,在内容上"窄",教师只是"教教材";在途径上"封闭",教师更多的是采用讲授法传授知识,脱离学生的生活实际。① 那么,要弥补教材资源方面的单薄、有限等不足,加强学生生活经验、现实世界与教材文本的联系与链接,势必要有效开发、充分利用好其他丰富的课程资源,因此,延伸式阅读教学模式便在此基础上应运而生。基于义务教育课程标准和课程方案的理念,立足语文立人教育观,通过探索延伸式阅读教学策略,革新传统的教学模式,打通课内外知识的壁垒,为学生的语文学习乃至其他方面的增益架起一座桥梁,使学生能够巩固和深化课内所习得的阅读理论和技巧,进而将学习的触角延伸至课外,在课外阅读的过程中不断加以实践与运用,充分开拓学生的学习视野,也能够使学生在读文章的过程中,增强阅读理解能力,促进语文学习能力不断提升。比如,一年级的学生围绕"当春乃发'声'"的主题开展语文课外阅读实践活动,教师以语文教材的"快乐读书吧"为载体,带领学生了解什么是童谣和儿歌。而学生在分享童谣和儿歌的过程中也感受到了这类文本朗朗上口的节奏感,在诵读的过程中获得了审美感受,体会到其中浅显易懂的道理。在整个过程中,学生们通过课中共读、课后研读等方式既锻炼了自身能力,提高了自主阅读意识,又极大提升了审美情操和艺术陶冶。实际上,现行使

---

① 崔峦.小学语文课程改革要正确处理四个关系[J].课程·教材·教法,2004(8):48-52.

用的小学语文统编版教材当中就有很多可供深入挖掘的教学资源。作为学生学习的支架和延伸点，这启发语文教育工作者应立足教学实践，充分认识延伸式阅读教学理念对于阅读教学的积极影响，将其贯穿于语文阅读教学中，充分开发与利用好语文教材，深入挖掘教材资源并适时补充必要的课外知识，加强构建延伸式阅读教学模式，致力于提高学生学习语文的积极性，努力为学生创设丰富多彩的语文实践活动，给予学生更多在实践当中进行运用与提升个人能力的机会。基于此，要加强学生的语文阅读实践，并且引导学生在读文章的过程中提高识字能力、思维能力、口语交际能力、书面表达能力乃至综合能力，最终切实提高阅读教学效果。

## 三、延伸式阅读教学的实践意义

### （一）提升学生的阅读量和阅读兴趣

新课标提出小学阶段的学生要学会运用多种阅读方法，具有独立阅读能力，能阅读日常的书报杂志，初步鉴赏文学作品，能借助工具书阅读浅易文言文。延伸式阅读与传统的阅读不同，在传统的阅读教学中，教师只是讲解课本上的内容，向学生解释生僻字句，并分析文章的思想和含义。在此过程中，无论对课文知识进行怎样的剖析和挖掘，学生的阅读水平和知识库都是一样的。而在延伸式阅读教学中，教师始终围绕着课本，并扩展和延伸其他阅读内容，学生能够将课内学到的阅读知识和策略灵活迁移到课外阅读文本中。与此同时，学生的阅读能力也将从课堂上延伸到课外，通过阅读范围的扩大，学生的阅读能力将得到很大的提高，从而使他们的知识不断得到积累,进而可以有效地提高学生的阅读量和知识面。在不断积累的过程中,学生将打下扎实的基础,形成积极阅读与思考、主动灵活使用阅读方法等良好的阅读习惯。在此基础上,自然地就会表现出阅读量和阅读速度方面的优势,最终实现厚积薄发。

俗话说:"兴趣是最好的老师。"这句话用在语文阅读教学中也不为过。当阅读能够引起学生浓厚的兴趣时,他们才会更为积极主动地去探索知识。温儒敏教授在谈到读书兴趣时说道:"我们讲素质教育、人文教育,归根结底还是要读书。因此,语文课要把培养学生的读书兴趣与习惯当作头等大事。"[①]阅读的最终目的就是让学生去感受阅读,感受人生,让阅读与生活紧密相连,让学生走向成熟的思考,这样才能促进学生语文核心素养的提高。在课堂教学中,教师应始终以学生为主体,教师在课堂教学中要引导学生与课文进行深度的对话,这样才能真正调动学生的阅读积极性。相对于传统的课堂讲授,延伸式阅读教学更注重培养学生的自主性。在这里,教师不仅是知识的传播者,而且要带领着学生一起走进文本深处去感受、去探究、去思考。延伸式阅读教学的模式,营造了一种轻松自在的阅读学习氛围,学生在融洽的学习环境中才更能够积极地投入阅读活动中去。这就启发教师在教学过程中要有意识地激发学生的阅读兴趣,或者把学生的兴趣引导到正确的方向上去。学生只有从书本中找到乐趣,才会渐渐地爱上阅读。所以,开展延伸式阅读教学,不仅可以提高学生的阅读兴趣,而且

---

① 温儒敏.把培养阅读兴趣与习惯,当作语文教学头等大事[J].语文建设,2016(25):4.

能让他们的阅读不再局限于语文教材,让他们在更加广阔的语文海洋中遨游。

(二)提高学生的阅读素养和综合能力

当前是一个知识、信息呈指数级增长的时代,也是一个瞬息万变的时代,每天五花八门、纷繁杂乱的信息充斥着我们的生活。浩如烟海的文本以及碎片化的繁杂资讯,对学生的速读、分辨、提取、处理、整合信息等方面的能力都提出了更高的挑战,并且在阅读广度和阅读深度方面有了进一步的要求。联合国教科文组织曾指出,作为一名能正常生活的世界公民,必须具备五大生活技能:听、说、读、写、算。在这五项技能当中,其中就有四项与语文教育有着直接的关联,而语文课程当中的阅读教学对这些学生基本能力的培养更是发挥着不可估量的重要作用。鉴于小学生年龄幼小,身心尚未成熟,知识积累和能力水平仍处在不断发展中,因此,广泛涉猎与阅读各种类型的课外书目在很大程度上能够促进学生各方面的和谐发展。首先,在识字能力方面,学生除了能够通过课堂的识字教学进行识字认字,习得并掌握词汇,还能够在课外阅读实践中扩大识字量,进一步巩固识字的成果,增强其理解和运用词语的能力;其次,在表达能力方面,阅读教学是指导学生学习规范化的语言,培养理解和运用祖国语言文字的能力。随着学生所接触到的阅读材料的增多和丰富,学生能够接触到和学到新词汇的概率就大大提高。学生通过在阅读过程中不断积累好的写作素材,丰富个体认知图式,学习各种句式和表达方式,掌握遣词造句、布局谋篇的方法,有效地提高认知能力和表达能力。譬如,现实教育情境中不少学生一到写作就犯难、不会写、不愿写、乱写等,这种现象其实与课外阅读的缺乏有着密不可分的联系。再次,在阅读理解能力方面,大量阅读可以极大地丰富学生的认知图式,扩大学生对客观世界的认识。比如一些经典的课外阅读书籍能很好地促进学生的思维发展、启迪人生、滋养心田。而在教师的指导与引领下,学生对文本的理解也能够由浅入深、由表及里,实现文本的个性化解读,深化自己的思考与认知,从而不断加强自己的阅读理解能力。最后,在思想情操方面,阅读文本中都蕴含着作者一定的思想感情,都会对读者产生潜移默化的影响。而学生在这些优秀作品的长期熏陶下,他们的世界观、人生观、价值观等方面能得到正确的塑造与培养,道德情操和个人涵养方面也能得到极大提升,"腹有诗书气自华"说的就是这个道理。

然而,在传统的语文阅读教学模式下,学生每个学期的阅读量只固定在教材中的课文里,阅读的深度也只能在教材里面进行挖掘。长期处于这样的教学模式下,课外阅读与学生的学习生活联系不够紧密,甚至脱节,造成学习毫无生气、抽象难懂,学生一知半解的尴尬局面,学生的阅读能力更不能得到显著的提升。而在延伸式阅读教学模式下,教师能够充分发挥课堂主渠道的作用,积极引导学生对文本进行个性化解读,教给学生相关阅读策略和技巧,包括朗读、默读、浏览、复述、背诵、质疑等,让学生在丰富多彩的语文实践中掌握与运用,并根据相关要求精选课外书目,进一步深化课内文章主题,扩大学生的阅读广度和深度,让学生的阅读成果在丰富多彩的阅读展示活动中得以检验与展示,这样既能不断调动学生的阅读积极性,又有利于学生收获更为良好的阅读体验,从而形成一个良性循环,保证学生阅读的有效性和可持续性。比如,二年级的学生聚焦于"阅童诗·诵童韵·抒童心"主题热烈地展开了项目化研究活动。教师指导学生们合理利用假期时间来阅读各种儿童诗,做好快乐阅读卡的相应记录,及时积累精彩的词语和优美的语句,并记录下自己的点滴感受与体会,然后以小组为单位进行阅读交流与分享,通过绘制思维导图等方式细细品读儿童诗歌的内涵,最后通过思维导图拆解、诗歌朗诵,向同学和老师展示项目化学习成果。在本次项目化活动中,学生们学会了用眼睛发现诗歌之美,用声音展现诗歌之韵,用心体会诗歌之妙,从课内出发走向了更广阔的阅读世界,可谓收获满满。再如,五年级学生围绕"如何演绎四大名著课本剧"这一驱动性问题,开展以"书韵飘香·演绎经典·品味人生"为主题的延伸式阅读活动。学生们基于课内文本所学,选择自己感兴趣的内容进行拓展研究,各个小组分工合作,有序开展班级交流与分享,沉浸在课本剧的海洋中。此外,"1+N+∞"阅读对学生提出了较高的要求,这在给学生增加学习挑战性的同时,也带给学生优质多元的阅读教育资源,不断地拓宽学生的阅读视野,帮助学生训练思维模式和夯实阅读方法,为学生进行下一步更加困难的学习做好充分的铺垫。通过延伸式阅读的实施,更加注重让学生参加阅读实践活动而获得各种技能。最终促进学生整体阅读素养和能力的全面提升。

(三)有效促进教师的专业发展

作为新时代的教育工作者,教师是实施素质教育的主体,是教育事业发展的主力军。教师素质的高低,不仅影响着学生的成长,也影响着整个国家的发展。在当今的信息化时代和新的一轮课程改革中,对教师的学历、必备知识、专业技能、实践能力等各方面都有了更高的标准和要求,因此,提升教师的专业素质已经成为教育发展的迫切需要。毋庸置疑,教师的专业发展是教育的动力之源,没有他们的专业发展,学生的专业发展将是无源之水,无本之木;没有教师的专业发展,就不可能有高质量的教育,那么一所学校的发展将会停滞,更谈不上更好地促进学生的成长。教师可以通过理论学习来加强自身的专业素养。学校可以组织教师认真研读新课标,内化课标理念从而将其贯彻到教育实践当中去。教师还可以通过校本培训,组织教师说课、听课、评课、磨课等,共同研讨出具有时代性、先进性、合适的教学方法,并在此基础上经历实践、反思、再实践、再反思,不断促进教师的专业成长。教师的专业成长方式有很多,应当抓住教师这一关键,以更好地落实立德树人的教育根本任务,培养德智体美劳全面发展的社会主义事业的建设者和共产主义接班人。那么,作为一名小学语文教师,就要秉持语文立人的教育理念,首先是一名教育工作者,其次是一名学科教育者。教师要认识到教育不仅是教给儿童既定的学科知识,而且是要培养儿童成为一个完整的人,只有这样,教师才能关注到儿童生命成长的各个方面——最终回到教育的原点,即教育及其发展归根到底在于促进人的发展。张孝纯先生提出"一体两翼"的体现大语文教育观的语文教学整体结构。所谓"一体"指的是把语言课堂作为学习的主要内容;"两翼"一是指有目的、有计划、有组织的、以课外阅读为主的各种语言类课外活动,二是指充分利用学校、家庭和社会的语言环境。一体两翼,缺一不可。没有骨架,就会失去主宰,没有翅膀,就会一蹶不振。因而,作为语文教师,除了注重对学生知识技能的培养外,也要清晰地认识到学生的语文学习离不开课外阅读。

当下延伸式阅读教学实践的推进,不仅在学生层面上带来诸多好处,比如能极大地增长学生的见识,拓宽学生的视野,培养学生良好的阅读习惯,提升学生的阅读水平,营造"读书好、好读书、读好书"的浓厚氛围等等,而且在教师层面上也大有裨益。教师也是生命个体,是活生生的、引领他人的人。延伸式阅读教学的实践过程也是教师自身修炼与提升的过程,在整个延伸式阅读教学过程中,教师是不可或缺的核心参与者,在教学实践中不断总结、不断反思、不断提升、不断成长,而这个过程正是教师专业化的过程。比如为了能够给不同年龄段的学生推荐适合他们阅读的书目,语文教师就必须首先提升个人的学科文化素养,进行广泛而大量的阅读以积淀文化底蕴,从琳琅满目的书籍中挑选、甄别出真正适合学生阅读的书目。此外,推荐给学生的阅读书目起码教师自身要有80%都读过,否则怎能说真正做到了一切为了学生的发展而出发呢?现实教育情境中就存在不少教师盲目向学生推荐书籍,仅仅根据网上的必读书单排行榜或者教学经验来进行推荐,自己却没真正阅读过几本。从这个层面来看,这就需要引导全体教师博览群书,从而形成一股读书热潮,引领全部教师、学生以及其他教育工作者投入阅读当中。此外,通过延伸式阅读教学的方法探究,引导语文教师在了解统编版每册教材阅读策略的基础上,探寻阅读延伸的有效方法,设计丰富的阅读活动。而在此过程中,教师也能不断丰富教学方法,突破现有的阅读教学模式,优化语文阅读课堂,互相交流研讨最佳的教学策略,从而推动教师的专业发展与成长。总而言之,在延伸式阅读教学实践当中,语文教师既要考虑到教学内容的广度,又要考虑到教学内容的深度,还要对知识与知识之间的关系加以充分的关注,并将书本上的知识与学生生活的世界联系起来,整合丰富的教学资源,为学生的学习创设良好的环境,为学生的良好发展服务,同时也实现教师专业化的进一步发展与提升。

(四) 丰富校园的精神文化生活

学校文化也称校园文化,是指由学校成员在教育、教学、科研、组织和生活的长期活动与发展演变过程中共同创造的、对外具有个性的精神和物质共同体,如教育和管理观念、历史传统、行为规范、人际关系、风俗习惯、教育环境和制度以及由此体现出来的学校校风和学校精神。[①] 其中,精神文化是校园文化的核心,也是校园文化的最高层次,它具有春风化雨、润物细无声、潜移默化的深层意义和内在功能,具体表现为导向功能、凝聚功能、激励功能和规范功能。而阅读是开启学生智慧之门的钥匙,是学生认识广阔世界的有效通道,是一个人精神成长的重要渠道,同时能够涵养学生的美好品性。朱永新教授曾言道:"一个学校如果没有阅读,那么它永远不可能有真正的教育。"苏霍姆林斯基更是强调要让学生从书籍里受到教育,并且生活在书籍的世界里。因此,通过建立书香飘溢的校园,能够激发师生的阅读热情,陶冶师生的道德情操,提升师生的文化素养,引领师生与书籍对话,从书籍中得到心灵的洗涤,从而获取智慧的资源,发展思维与智力。对学生而言,阅读可以润泽他们的美好心灵,塑造他们的高尚品格。对于教师而言,阅读可以提升个人文化素养,学习新的教育教学理念,不断完善自身素质,提高专业本领等。换言之,学校应当倾力打造书香飘溢的

---

① 黄济,劳凯声,檀传宝. 小学教育学[M]. 2版. 北京:人民教育出版社,2007.

校园,比如通过为师生提供充足的阅读空间,包括随时可借阅读书的图书馆、集体学习的阅览室、随处可读的读书吧、班内建设的图书角、丰富的图书馆藏资源等。还可以广泛开展各式各样的阅读活动,积极创设师生进行读书交流的平台,并且建立或完善相关阅读评价体系,将质性评价与量化评价有机结合,全面培养自主阅读的学生,力求让阅读伴随生命成长,让生命成长浸染书香,让所有师生生活、成长在书香校园当中。唯有重视书香校园的建设,学生才能在浓厚的阅读环境中进行学习与成长,才能有更多亲近书籍的机会,在阅读的过程中收获更多的人生体验与经历,更好地感受到世界的广阔与精彩。

基于此,开展延伸式阅读,对于学校实现教育形式的多元化、拓宽学生的认知视野、丰富校园精神文化生活具有举足轻重的作用。譬如,读经典,感悟中华民族的优秀历史文化;读小说,从他人的故事中感受生命的多彩;读散文,细细体会作者的真情实感;读历史,了解古今中外大浪淘沙的历史变迁;读神话,感叹古人无穷的想象力与智慧……引导学生精读一本本好书,营造浓厚的校园文化艺术氛围,塑造学生的美好心灵,点燃学生的阅读热情,使学生在阅读中感悟人生、放飞理想、憧憬未来。因此,通过将延伸式阅读和项目化学习有机融合,不仅可以锻炼学生各方面的能力,尤其是创造力、团队协作和领导能力,而且可以有效激发学生阅读的热情,使学生真正爱上语文活动,主动探索语文知识。学校以"延伸阅读 助力成长"为主题展开活动,各年级选择适宜的阅读内容,并通过各种方式呈现各自的阅读成果。四年级学生以统编版教材的"快乐读书吧·十万个为什么"为起点,在教师的引导下,学生阅读自己所感兴趣的科普读物,进行纵横深耕,展开项目化研究。在此过程中,学生们首先确定自己感兴趣的探究主题,然后进行小组内的分工合作,通过查阅书籍、网络等收集资料,并以小报、思维导图、小实验等方式对相关内容进行整合,最后在班级里以演讲的形式比赛,选出代表来参加年级的风采展示。在整个过程中,不仅学生们学到了更多更广的知识,锻炼了阅读能力,而且使得学校良好的阅读氛围蔚然成风,充实了师生的校园精神文化生活。总而言之,延伸式阅读教学的实践对于学校意义非凡,它能够帮助学生在浓厚的校园氛围中更加愉悦地学习生活,并且将这种情绪泛化到学科学习活动中去,更加有益于学生的学习与成长。另外,在经典书籍深厚文化的熏陶下,学生也会潜移默化地改变自身的行为和思想,从而形成优良的道德品质和健全人格,树立正确的"三观",从而使得他们的身心健康发展。不仅如此,它还有助于提升师德,进而不断促进学生学习水平的提高,教师自身的专业能力也得到进一步强化。简言之,延伸式阅读教学的实践能够极大地丰富校园的精神文化生活。

(五)建立和谐的家校合作关系

教育家蔡元培先生曾说过:"家庭者,人生最初之学校也。"家庭是以婚姻和血缘关系为基础的最基本的社会单元,它对孩子的身体和心理发育起着首要的作用。从社会结构的角度来看,家庭是一个社会的最基本的单位,因此,建立一个良好的家风,弘扬一个家庭的美德,是构建一个和谐社会的基础,也是一个社会文明程度的重要指标。从人类发展的次序来看,家庭是个人生命发展的起点。换句话说,一个人从出生开始,所受到的最早的影响就是家庭的影响,包括家庭结构、家庭关系、家庭职能、家庭伦理道德等方面所形成的家庭特点,都会对生活在家庭中的孩子产生直接或间接的影响。教育家苏霍姆林斯基将学校与家庭比喻为"教育者",认为两者不但应相互协调,对孩子的需求一致,更应具有共同的兴趣,有共同的信仰,也就是家校共育的理念。近年来,一系列有关家庭教育的政策出台,比如 2021 年颁布了《中华人民共和国家庭教育促进法》,该法规一共包含六个章节,其中第一章着重强调国家和社会应该竭力为家庭教育提供指导和支持。2023 年 1 月 17 日发布了《教育部等十三部门关于健全学校家庭社会协同育人机制的意见》,再次强调了健全学校家庭社会协同育人的重要性。由此可见,家庭教育在整个教育系统中的重要性日益凸显。从这个意义上来说,孩子的课外阅读也不应是学校、教师的专属任务,孩子良好阅读能力的提升离不开家庭教育的配合与协作。诚然,放眼于当下,当前家长在孩子的课外阅读中的"缺位"或"越位"等问题格外突出。大多数家长以工作忙、事情多等为理由而无法照看孩子,更不用说陪伴、督促孩子进行课外阅读了。有的家长缺乏对课外阅读重要性的正确认知,认为读课外书就是读闲书、占用学习时间、见效慢等,更谈不上为孩子营造良好的家庭阅读氛围与环境了。当孩子的阅读条件与环境得不到保障,其阅读效果势必大打折扣。也有不少教师对于家长在孩子课外阅读中所扮演的角色这一问题上产生观念的偏差。他们错误地认为自己只需把课堂教学任务完成好,耕好自己的一亩三分地,至于学生的课外阅读便属于家庭教育的责任,把一切都推诿给家长负责,更不用说进行相应的指导与帮助。然而,现实境况是多数家长缺乏科学正确指导孩子进行课外阅读的方法和理念,不懂得如何更好地培育孩子养成良好的阅读习惯。

延伸式阅读意在立足于课内阅读，引导学生将习得的阅读策略与方法延伸至课外阅读，将阅读理论知识与阅读实践活动进行相互结合，既有利于丰富拓展学生的阅读视野，使得学生幼小的心灵受到滋养，又对学生各方面的和谐发展具有不可估量的重要价值。因此，学校及教育工作者需要发挥引领和指导作用，更需要联合家长的教育力量，做好家校合作工作，为学生的健康成长提高有力的保障。比如，学校可以通过搭建家校合作共育平台对孩子的阅读成效进行了解和评估，以及时发现和解决孩子阅读过程中可能遇到的障碍和困难，并合力解决孩子面临的阅读难题，进而为孩子创设最佳的阅读环境，保障孩子阅读行为的持续性和长期性。学校还可以组织亲子共读活动。所谓亲子共读又称为亲子阅读，它是以书籍为媒体，以阅读为纽带，让儿童与父母一起分享各种形式的阅读的过程，在学生的课外阅读中发挥着重要的影响，也是让儿童喜欢上阅读的最好方法之一。因为家长和孩子一起读一本书，很容易让孩子感到读书是一件很愉快的事，进而更愿意自发地去阅读。教师可以将家长们动员起来，主动争取家长的合作与支持，充分利用网络平台打卡孩子的阅读情况，分享自己的阅读书目和阅读内容，教师则要及时总结孩子和家长的读书情况，可以适时评选出"书香家庭"，从而形成互促互进的良好读书氛围。为孩子创设良好阅读条件的方式有很多，关键是需要学校、教师、家长齐心协力打好"组合拳"，做好沟通与协商，共同为孩子的课外阅读提供相应的帮助与指导。从这个层面来讲，延伸式阅读教学的实践能够进一步构建和谐的家校合作关系，要深知学生的成长离不开学校、家庭、社会等方面的共育，而家长是孩子的第一任老师，家长若能主动介入孩子的学习生活，那么孩子将来的良好发展就有了坚实的保障和基础。相反,如果家庭和学校不能建立起一种合作的关系,共同指导孩子的学业和终身发展,这对孩子的茁壮成长是极为不利的。学校为孩子提供良好的阅读环境与条件,教师在学生的阅读方面做好引路人与促进者,家长则配合好学校的工作,更好地帮助与指导孩子在家的阅读情况,如此孩子的阅读才能够得以保障与延续。

综上所述,延伸式阅读教学实践的探索对于当下的小学语文阅读教学的创新与优化意义重大。在理论层面,延伸式阅读教学不仅能够极大地拓宽学生的语文学习空间,实现语文课程创新,充实阅读教学策略,构建"1+N+∞"阅读体系,而且可以通过深入探索与实践,最终形成延伸式阅读教学的有效模式,加强学生的语文阅读实践。在实践层面,延伸式阅读教学的落实能够有效地培养学生多方面的能力包括思维能力、表达能力、阅读理解能力等,使学生能够长期受到优秀文化的熏陶,提升自身的个人素质与文化涵养,而且也有益于推动教师的专业成长,引导教师在日常教学实践中不断探索、反思与优化教学方式,提升课堂教学效果,做好学生学习与成长之路上的帮助者与促进者。同时,延伸式阅读教学的推广有利于丰富学校的精神文化生活,进而形成学校特色,推动学校的持续发展与良好建设,也能够助推家庭与学校形成紧密的联系,共同呵护孩子的成长。因此,延伸式阅读教学对于学校、教师、学生以及家庭等方面均有着深刻意义和重要价值。

# 第二章　延伸式阅读教学的理论基础

随着课堂教学改革的持续推进，小学语文学科教学目标以强调核心素养为指导，越来越注重对学生核心素养的培养。新课标对语文阅读教学提出了新的要求，强调要突出学生本位，提高学生的语文综合素养，即提高学生的阅读能力、理解能力以及表达能力。提出"1+X"阅读教学模式的是统编版语文教材的总主编温儒敏教授，其正是基于新时代学生阅读需求衍生出的教学方式，主张以教材中的内容为核心，通过延伸课外阅读文章"X"扩宽学生知识面进行阅读的迁移与拓展。该模式正以一条完整的阅读链条变革着教师的教与学生的学，共促阅读教学方式的新发展。自"1+X"阅读教学模式创建以来，在大语文时代的背景下，基于最近发展区、多元智能理论以及对知识的迁移与运用，越来越多的学校以及一线教师发现这种模式的优势，并乐于使用该模式进行教学。这种教学模式在实践理念以及实施途径上对教师来说也是新的机遇与挑战。

## 一、维果斯基的最近发展区理论

苏联著名心理学家维果斯基在他的著作《教学与发展》中提出

了"最近发展区"这个概念。他认为,学生的发展可以分为两个层面:一是已有水平,指的是学生独立活动时所能达到的解决问题的水平;二是学生的潜在发展水平,也就是在成年人的指导下或者在同龄人的协同与帮助下才可以达到的程度。而这两者之间的差距就是维果斯基所说的最近发展区。教师的教学工作需对学生的水平加以重视,根据各学龄段学生的已有水平来具体实施教学计划,以此来推进学生水平的进一步发展,同时避免目标过高而无法实现的问题。

(一)延伸式阅读的出发点应是最近发展区

首先,需根据小学不同年级学生的已有水平来选择不同单元要求下合适的课外阅读文本,同时与发展区的距离适当靠近,把最近作为基本准则,即常说的"跳一跳,摘桃子"。其次,采用延伸式阅读教学模式在选择书目时数量不宜过多,过多反而不利于学生吸收,易导致出现走马观花式阅读,挫伤学生的阅读积极性,最终无法实现真正意义上的延伸式阅读目的。最后,选择文本的时候需考虑两方面,一方面是不同文本之间的联系,另一方面则是文本与学生之间的联系。因此,应从学生已有水平入手选择适合其年龄段的文本,通过开展适宜的阅读活动展现学生的风采,从而有利于学生真正实现"1+N+∞"阅读。

(二)延伸阅读中的循环离不开最近发展区

英国当代著名青少年文学大师艾登·钱伯斯指出,学生的每一次阅读都由一系列的活动组成,每个活动又引发下一个活动。但是这种阅读活动之间的关系并非直线形的,更像是一个不封闭、不单调重复的循环。需要说明的是,循环是螺旋向上的。延伸式阅读将课内文本和课外读物有机结合,旨在帮助学生扩大阅读范围,拓展知识视野,培养阅读兴趣和阅读习惯,最终达到全面提升学生阅读素养的目标。但由于学生受到知识和能力水平的限制,需要具有更强能力的成人阅读者加以引导。教师无疑要根据学生的最近发展区设置阅读循环,在这个阅读循环中起到关键作用。教师首先要具有强烈的读书意识,帮助学生树立正确的阅读观念,选择合适书目,一方面提高阅读兴趣,另一方面培养阅读习惯。同时,也不能忽略家长对孩子的帮助,家长给予孩子的阅读陪伴、为孩子创设的阅读条件和阅读环境等都直接或间接地对孩子的阅读能力产生不可低估的影响。

(三) 基于最近发展区构建一体化阅读

"窄式阅读"这一概念是由语言教育家克拉生在20世纪80年代提出的。窄式阅读即在阅读初期阶段,通过阅读同一体裁或同一主题或者由同一作者所写的文章的方法来提高学生的阅读能力。基于克拉生的可理解性输入理论,窄式阅读不同于精读和泛读,而是将两者的优点相贯通,窄式阅读要求学生在初期阅读大量同一主题或同一体裁的文章,并逐渐扩大这些主题和体裁的范围。"1+N"拓展阅读教学模式就是基于窄式阅读理论的一种阅读模式。该模式应按照学生的最近发展区,参照窄式阅读理论的同一主题,通过基于教材单元主题"1",筛选符合学生认知水平和兴趣特点的多篇阅读素材"N",学生在课堂学得"1"的基础上,在课外通过自主阅读和小组合作的方式阅读同一主题下的多篇阅读文本"N"。这样的阅读教学模式能在一定程度上解决教师课上教学时间的有效性与新课标对学生阅读量的数量要求之间的矛盾,构建课内外一体化阅读。

(四)在延伸式阅读中达到课程整合的目标

20世纪50年代开始,出现了以赫尔巴特为代表人物的学科中心课程整合理论、以杜威为代表人物的儿童中心课程整合理论和以伯恩斯坦为代表人物的社会中心课程整合理论。虽然三种课程整合理论价值取向不同,但都强调了课程整合的核心是有效连接学习计划当中的各个部分。语文主题阅读教学吸收了课程整合的相关理论,不管是主题的选取还是文本之间的组合,都需要进行高度整合。所以教师在主题阅读教学的过程中应当重视课程整合的相关理论。在授课环节,教师可以采用问题入手的方式,这些问题不仅要符合学生发展的内在需求,还要关注学生的全面动态发展,基于最近发展区,让学生"跳一跳,够得到"。此外教师也应当整合相关内容,在就"主题阅读"进行教学的过程中,对于主题的选择,应该着重培养学生健全的人格,让课内外产生更好的联动,使学生的情感得以升华。对于教师而言,在教学情境的创设上,应该联系学生的真实生活环境,从而让学生有真切的感受,使教学效果大大提升。

(五)延伸式阅读要在最近发展区的基础上进行 i+1

克拉生指出为了让学习者从现阶段进入一个更高阶段,语言输入中必须含有下一阶段的语言结构。克拉生用"i"来表示学习者现有水平,用"1"来表示略高于"i"的水平,这就是"i+1"输入原则。换句话说,语言输入难度不能超出学习者的学习能力,但同时又要略高于学习者的现有能力。斯温在研究中发现,仅靠理解性输入是不够的。斯温于1985年提出了"输出假说",并指出在语言学习的过程中还必须有许多理解性输出。根据语言输入理论,学习的过程包括输入—加工—吸收—输出,从而最终达到语言习得的目标。在"1+N"延伸式阅读教学模式中,应严格遵循输入与输出理论:一是教师遵循"i+1"输入原则,给学生提供"i+1"水平的输入材料,将课上内容与课后内容进行整合,保证输入的质与量。结合学生的性格特征和兴趣爱好,为学生提供适合他们、使他们感兴趣的阅读材料,每天保证一定量的阅读输入,以达到每单元2 500个词的输入量。二是给学习者提供可理解性输出的条件,在该模式中进行师生互动,组织小组分享交流、完成导学案等多种形式的输出活动,最终达到语言习得的目标。

(六) 把握最近发展区,提升学生的思维能力

在小学语文教学中,对于阅读本文的选择要求是较高的。若从学习动机的角度出发,学生在参与延伸式阅读学习时,也具有一定的倾向性。为了让学生踮踮脚便能够得到,教师要根据学生的最近发展区,给学生设置合适的延伸阅读目标,以此切实提升他们的阅读思维,指导学生对延伸阅读文本进行分层概括。之所以在选文层面要考虑学生的最近发展区,也是为了让学生更多关注提升阅读水平的节点,充分调动学生对文本的概括能力,并在整合各部分内容后总结全文,整体提升阅读能力。如统编版语文四年级教材中的《天窗》这篇文章符合对学生最近发展区促进的设定。首先在理解题目上,"天窗"不仅是指屋顶上的天窗,更是作者心里"唯一的慰藉"。初读课文,学生并不能完全理解为什么这样,因此

教师选择让学生先将文本一分为二,找出两个"慰藉"的出处,就可以得出"天窗听雨"和"天窗望夜"两个层面。通过这样的方式,学生对文本中"有"与"无"、"实"与"虚"的指向也更加清晰,降低理解难度的同时,也使学生的思维能力得到了切实提升。

## 二、多元智能理论

多元智能理论最早在《智力的结构》一书中由霍华德·加德纳提出。他指出教育的目的是引导学生进行更深层度的思考,使学生可以从不同角度多元化观察世界,从而激发学生潜在的智能,培养学生的个性。

从多元智能理论的内容来看,学生作为独立的个体,有着自身的阅读优势。而语文主题阅读在整合材料的基础上,有着丰富的可以提供学生阅读的材料,这些阅读内容涵盖面大,涉及不同学科,这正是培养学生多种智能发展的好途径。就学生而言,均衡发展的难度是很大的,个性化发展十分重要,因为学生个性、爱好不同,所以教师要制定多元化教学目标。此外,在阅读方法的选择上,教师也要关注学生,灵活选取不同学生擅长的学习方法,从而使学生在学习中寻找到乐趣。总之,多元智能理论能开阔语文主题阅读教学的思路,语文主题阅读教学也能培养学生多元智能的发展。

### (一)允许学生提出质疑,提高学生思辨能力

思辨能力是一个人自主探索、明辨是非、判断事物的能力,是一个人有独立人格的重要特征。中国的传统教育不重视学生思辨

能力的培养，强调以教师为指导、以课本为准则，尤其是语文这个综合性很强的学科。在阅读中，标准答案的设置会禁锢学生的思维，导致学生的思维只朝着一个方向发展。阅读是培养学生思考能力、总结归纳能力的重要方法。阅读题目的答案更多的是通过分析、总结、归纳得出的，具有很强的主观性，每个学生的答案都是其对文章的独特理解，而教师给阅读题目设定标准答案，久而久之，学生们会自然而然地朝着这个方向思考，但学生的初始思维是多元的。如果老师"一刀切"地判断这些不同的答案都是错误的，就会打击学生思考问题并表达自己观点的积极性。因此，在阅读课堂上，教师应该允许存在不同的观点，肯定其中的合理因素，并注重培养学生的思辨能力。

（二）注重对比教学，拓展学生的思维能力

就全面发展而言，人的思维能力扮演着非常重要的作用。一个人的创造、推理等能力，都以思维能力为基础。个体活跃的思维能力反过来也能提升他们的创造、推理等能力。因此，在延伸阅读教学中，教师要注重学生发散思维能力的培养。同时，对于同一篇文章，教师在阅读教学中要多角度地引导学生思考，若想激发学生形成多维度思维，离不开教师对文章与文章之间、文章内部之间的对比。比如在进行古诗词阅读理解教学中，可以通过对比的教学方法，引导学生多角度、多立场地思考问题。如小学语文五年级"快乐读书吧"中对于民间故事的学习，可以组织学生自行对比品读，在对比了《九色鹿》和《螃蟹的由来》后，学生可以总结出两者的相似之处是坏人最终都得到了应有的报应。《螃蟹的由来》中螃蟹的壳变得又软又黏，而《九色鹿》中大反派最终被投入了牢房。这两个故事中的主人公都神通广大。这就是学生在教师的引导下发现了这两个故事在情节上和人物特点上的类似之处,以此进行归纳总结。

### (三) 注重提高学生的元认知能力

要想成为一个自主阅读者,离不开元认知理论的指导,自主学习在某种程度上实际上就是元认知监控学习。学习者自己完成学习的计划,监控和调节自己学习的过程也是自主学习的过程,也就是说元认知是个体独立学习不可或缺的条件。如果没有元认知的有效调控,学习者会在学习的过程中出现缺乏目的性、组织性和有效性等问题。学习者先认识自己当前的任务,再用某种标准来评价自己的理解,预计学习所需时长,有效地选择计划,以此来解决问题,并通过监视自身的学习过程、进展情况,根据反馈结果及时作出调整或补救。在"1+N"拓展阅读教学模式中,学生的学习主要在课后进行,是一种教师监控、学生为主体的教学方式。因此,为了学生的"学"能有效进行,在该模式的教学实践中,教师注重培养学生的元认知策略,使学生在制订学习计划、选择学习方式、安排学习任务的过程中,监控自己的学习过程、评估学习任务,同时教师定期"精准督学,跟踪抽查"。这种教学理念会大大提高学生的元认知能力、延伸阅读能力和语文素养。

## 三、迁移理论

迁移又被称为学习迁移或是练习迁移,在心理学中,学习迁移被认为是一种学习对其他学习的影响,更确切地说,是所获得的知识、技能、策略或学习态度对学习新知识、新技能以及解决新问题的能力的影响。学生将所学知识转移到其他情境中，这就是学习迁移。教育的一个重要目的就是培养学生掌握所学知识并运用所学知识的能力。这就意味着，在今后的工作、生活中，他们能够将所学到的知识和掌握的技巧不断运用到新的情境中去，并用自己的所学来解决所面临的新问题。

（一）迁移理论在延伸式阅读教学中的应用价值

1. 举一反三，触类旁通

人类对其所学不仅要能重复应用、表达，而且要能举一反三、触类旁通和推广类化，这都可以用迁移来解释。一般认为，迁移是在一种情境中技能、知识和理解的获得或态度的形成对另一种情境中的技能、知识和理解的获得或态度的形成的影响。利用所学的技能、知识等去解决问题的过程也是一种迁移的过程。例如，懂得如何跳舞的人学习体操更快；能打羽毛球的人更容易学习网球。延伸式阅读教学其实就是帮助学生建立一种知识迁移，让学生运用课内所学的阅读方法、阅读技能等去阅读课外更多的书籍。

2. 探索阅读方法，提高阅读能力

现在教育界越来越倡导"为迁移而教"。布鲁纳等人在1988年指出，各科目的教育目标应尽可能促进迁移的发生。开展延伸式阅读教学，就是培养学生的阅读迁移能力。对学生来说，接受和积累知识不是主要的目标，学习并掌握阅读方法和技巧更重要，这就要求学生学会探索阅读方法，以促进课外甚至终身阅读习惯的转变。要培养、提高学生的阅读能力，就需要教师正确引导并指导学生进行延伸式阅读。

3. 运用迁移能力，解决语文问题

迁移能力在阅读能力测试中的作用不可忽视。叶圣陶也一直强调教是为了不教，认为语文教材无非是例子，凭这个例子要使学生能够举一反三。在语文教学中，"教"也正是为了"不教"，教师在语文课上的教，也是为了让学生在课外更好地学。学生从书本上能学习到的内容是非常有限的，而他们离开教科书后面对的社会信息却是无穷无尽的。这就需要教师在教学过程中对学生不断进行适当的引导，以促进他们的阅读量的增长，从而提高他们的阅读水平。但是，单靠一本教科书上的数十篇短文还不足以实现这一目标，教师们还得辅之以大量的延伸阅读。而语文教师的任务，就是要引导学生，让他们具备知识迁移能力，从而在社会生活中去解决有关的语文问题。延伸式阅读教学实质上就是要求学生具备迁移的能力，这就要求教师对阅读教学进行恰当的拓展。当然，阅读教学并不只是一种迁移式的教学，它有更丰富的内容和更多的教学任务。

(二) 在延伸式阅读教学中运用迁移理论的策略

1. 明确目标，有的放矢

凡事预则立，不预则废。教师只有提前做好充分的教学计划和准备，才能有条不紊地完成教学任务。虽然小学语文阅读课的知识比较简单，但对于知识积累不足的小学生来说，依旧会产生复杂难懂的学习感受。因此，教师在开展阅读教学之前就要明确核心的阅读教学目标，剔除无关紧要的内容，让教学做到有的放矢。

例如，在统编版四年级上册《爬山虎的脚》一课的教学中，教师可将本课与学生之前学过的课文联系起来。这篇课文的作者为叶圣陶,在三年级下学期,学生还学过他的作品《荷花》。这两篇文章都属于写景类,知识上有一定的关联性。因此,教师在开展教学之前,可以为学生明确以下几点学习目标:一是总结作者的基本信息,包括原名、籍贯、身份、代表作;二是回忆《荷花》中有哪些多音字,看看作者在《爬山虎的脚》中是否用到了这些字;三是总结《荷花》中应用了哪些修辞手法,分析《爬山虎的脚》中是否有类似的例子。以上几个目标从作者、字词、写作手法方面对学生进行暗示,教师可引导学生从这三个角度实现思考、迁移,为接下来的学习做好铺垫。

2. 优化方法,深入浅出

小学生的阅读学习一般会按照"略读—精读—略读"的步骤来进行。其中,从略读到精读,是学生在课内的学习,教师需要通过细致的指导让学生掌握相应的阅读知识、阅读技巧。而从精读到略读,是学生在课外的学习,学生需要将在课内习得的阅读方法应用于课外阅读中去。因此在课内的阅读教学中,语文教师应当优化教学方法,将知识点讲述得通俗易懂,以便学生灵活地将知识点迁移应用到课外阅读当中。

例如,在统编版小学语文教材六年级上册《少年闰土》这一课的教学中,教师可以让学生先调查鲁迅创作这篇文章时的背景,明确作者的创作动机,猜测文章的写作主题,再根据写作主题逐段梳理出这篇课文的主要内容,从而教授学生"以作者的人生经历为导向"的阅读方法。通过这种方式,学生不仅能够确定本堂课阅读学习的主题,还可以掌握高效的阅读方法。在此基础上,教师再鼓励学生在课外阅读中尝试以同样的方法阅读相似的作品,将课内学习的知识与课外相联系,就可以达到学以致用的目的。

总之，语文教学要培养的是语文能力。语文能力的习得和应用蕴含着语文学习的迁移能力。在语文阅读教学中，教师要培养的就是一种学习能力。进行阅读教学延伸的过程其实就是帮助学生完成知识迁移的过程，教会他们如何应用知识，而不是死记硬背教科书上的标准答案。可以说，在延伸阅读教学中，迁移理论就是从一种情景到另一种情景时，运用它们之间相同的原理或方法，以解决新问题为宗旨的阅读教学的延伸。

## 四、"大语文教育"观

"大语文教育"是我国著名的特级教师张孝纯在20世纪80年代初期提出的一种具有开创性的语言教学理念。它主张语文教育要以课堂教学为轴线，以此拓展、延伸到学生生活的各个方面，并与学校、家庭和社会进行全面融合，在教语文和教做人相结合的过程中实现"生活处处有语文"的目标。

### （一）具备由内而外延伸的大语文教学能力

"大语文教育"强调以语文课堂教学为核心，构建开放式课堂教学，强调语文教学要由课内向课外、由教材向生活延伸，打破传统的"一间教室，一本教材，一位教师"的模式，认为不能只看微观，要多看宏观。要将语言教学与人的教育有机结合，将语文技能的发展与非智力素质的发展有机结合，将读、写、听、说四个方面的教育有机结合，使学生接受全方位、整体性、动态性、网络性、强化性的学习与训练。语文教学要使学生自觉地学语文、用语文，无论何时何地都能做到学以致用，大大拓展语文教学的范畴。"大语文教育"还认为不能过分强调课外活动,"课堂中心"也不能在确立"大语文教育"的过程中被盲目否定。然而,轴心并不是所有的内容,必须将轴心向外延伸。

(二) 重新认识语文教育拓展延伸的本质

语文的拓展延伸实际上相当于生活的拓展延伸,因为语文所教的东西与我们的生活息息相关,语文反映生活,生活中也常常能够看到语文。因此,教师要注意整合相关的教学资源,同时可以发现和创造学生感兴趣的生活和活动情境,适当地进行拓展延伸,使学生充分发挥主观能动性,积极参与课堂教学,使学生不仅能学习语文知识,而且可以了解生活知识,将语文知识转化为语文能力。树立"大语文"教学观,可以将老师和学生从单一的语文知识的教与学中解放出来,把教学拓展延伸到更广阔的天地,也将学生的视野扩展到更丰富的世界,可以发散学生的思维,发展学生的语言技能,从多方面来提高学生的语文素养。

延伸式阅读教学实质上是对"大语文教育"理念的实践。作为阅读教学的一部分,延伸式阅读教学起到了"桥梁"的作用。它是联系课内与课外的桥梁,是从课堂到课外的关键环节,是从理论到实践的关键步骤。在进行延伸式阅读教学时,要围绕课堂,以文本为基础,把学生在日常生活中进行的语文实践引入课堂当中。"大语文教育"观是立足文本,以课堂为基础、以生活为中心向周围拓展延伸的。所以,在展开延伸式阅读教学时,应该密切结合学生的现实生活,充分利用学生周围可以利用的一切课程资源,将其延伸到学生的生活中去,从而提升学生的语文能力。

## (三) 重视阅读课程"例子"教学的特殊功能

在大语文时代,叶圣陶的阅读教学思想对现在的阅读教学仍然有指导作用,其中影响较大的是"例子说"。

叶圣陶说:"语文教本只是些例子,从青年现在或将来需要读的同类的书中举出来的例子:其意是说你如果能够了解语文教本里的这些篇章,也就大概能阅读同类的书,不至于摸不着头脑。所以语文教本不是个终点。从语文教本入手,目的却在阅读种种的书。"[1]优秀的文章很多,但是由于教科书的篇幅和学生的课时都很少,因此,语文教科书就会选择其中的几个"样品"来给学生们提供参考学习。"教材的性质同于样品,熟悉了样品,也就可以理解同类的货色"。从课文中,学生获得了方法,如果将来再碰到同类型的文章,也可以利用课文中所学的方法去阅读和理解。例如,学生在课堂上学习了一篇有关风景的短文《春》,先学习了怎样分析风景,接着又学习了一些写景的短文,例如《荷塘月色》,这样学生在阅读其他写景文章时就不会茫然不知所措,还可以根据学习到的分析方法去欣赏景物。如果学生想要真正地具备分析写景散文的能力,就需要对其进行补充,并对其进行强化训练。阅读教学的"教"是为了"不教",语文教师在阅读课上的"教",是为了学生在课外更好地"学"。

---

[1] 叶圣陶.叶圣陶语文教育论集[M].北京:教育科学出版社,2015:136.

# 第三章 延伸式阅读教学的现状调查

## 一、调查目的

本次调查研究以上海市浦东新区明珠森兰小学的教师和学生为调查对象,对该校延伸式阅读教学的现状进行调查。通过对调查结果的分析,总结并归纳出延伸式阅读教学在实施的过程中存在的问题,对主要现存问题进行原因分析,在此基础上,提出合理有效的对策建议,让延伸式阅读教学更好地为教师和学生服务,提升师生的阅读素养。

## 二、调查对象

课题组于 2023 年 4 月以上海市浦东新区明珠森兰小学的师生为调查对象,通过发放问卷和深度访谈以及课堂观察对延伸式阅读教学的实施现状进行研究。课题组共发放并回收教师问卷 31 份,学生问卷 774 份,选取了 16 位访谈对象(包括 10 位教师、6 名学生)。并编制了相应的课堂观察表,走进课堂,以了解小学延伸式阅读教学的开展情况,包括延伸式阅读教学的教学设计、教学实施以及教学效果等,以便总结并归纳小学在开展延伸式阅读教学过程中的实践困境。

## 三、调查方法

本次调查研究以问卷调查、访谈以及课堂观察为主,辅以文本分析等调查方法,从教学设计、教学实施和教学效果三个维度对所开展的延伸式阅读教学的现状进行调查研究。本研究通过使用SPSS数据分析软件对调查结果进行系统分析,发现目前该校延伸式阅读教学的开展虽然颇有成效,但仍然存在一些现实性问题。针对某些具体问题,课题组对教师进行了深入访谈,倾听一线教师内心真正的想法,寻找问题存在的根本原因,以期找到合适的对策。

(一)问卷调查法

1. 问卷编制目的

通过自编小学延伸式阅读教学的现状调查工具,帮助研究者有效、便捷地了解小学延伸式阅读教学开展状况。分析该校师生在延伸式阅读教学过程中仍存在的问题及原因,从而能够采取相应的措施提高延伸式阅读教学的教学实效。

2. 研究范围与步骤

问卷调查的主要内容为该校延伸式阅读教学目前的实施与学习情况,研究总体即为该校全体语文教师与学生。本研究采用线上填写问卷星的方式获取数据,并将有效问卷的数据录入SPSS,同时进行统计处理与数据分析,以获取各因素与延伸式阅读教学开展的相关性。

## (二) 访谈法

### 1. 访谈目的

访谈法是对问卷调查的深入和补充,通过收集并整理访谈资料,可以更加全面地了解延伸式阅读教学开展的现状以及每个因素的独立影响。通过了解一至五年级的语文教师和学生代表对于延伸式阅读教学的不同认识,可以了解到目前学校延伸式阅读教学开展的现状,以此明确学校在开展延伸式阅读教学中存在的问题。

### 2. 访谈对象

本研究的访谈对象是语文教师和学生代表。正式访谈时课题组成员先进行自我介绍和研究介绍,并向访谈对象说明为了获取更详细、更真实的信息,本次访谈会严格保密。在访谈过程中做好记录,访谈后整理材料并将访谈结果作为研究之用。

本研究共选取了 16 位访谈对象,包括 10 位教师(一至五年级各 2 位)、6 名学生(三至五年级各 2 名)。受访对象的基本信息如表 1、表 2 所示:

**表 1　受访教师的基本信息**

| 编　号 | 任教年级 | 教龄(年) | 性　别 |
| --- | --- | --- | --- |
| T1 | 一年级 | 1 | 女 |
| T2 | 一年级 | 15 | 女 |
| T3 | 二年级 | 1.5 | 女 |
| T4 | 二年级 | 2 | 女 |
| T5 | 三年级 | 3 | 女 |
| T6 | 三年级 | 8 | 女 |

续 表

| 编 号 | 任教年级 | 教龄（年） | 性 别 |
|---|---|---|---|
| T7 | 四年级 | 10 | 女 |
| T8 | 四年级 | 4 | 女 |
| T9 | 五年级 | 17 | 女 |
| T10 | 五年级 | 21 | 男 |

表2 受访学生的基本信息

| 编 号 | 年 级 | 性 别 |
|---|---|---|
| S1 | 三年级 | 女 |
| S2 | 三年级 | 女 |
| S3 | 四年级 | 男 |
| S4 | 四年级 | 女 |
| S5 | 五年级 | 男 |
| S6 | 五年级 | 女 |

3. 访谈提纲设计

（1）教师访谈提纲。对学校语文教师进行访谈以了解小学延伸式阅读教学的开展情况、教师对延伸式阅读教学的认识以及实施情况。通过对资料的整理与分析主要了解教师对于延伸式阅读教学的理解、延伸式阅读教学中教学目标的确立、内容和议题的选择以及教学策略等。

（2）学生访谈提纲。访谈目的是详细了解学生参与延伸式阅读教学的情况，主要包括对延伸式阅读学习的感受以及在延伸式阅读学习中遇到的困难等。

### (三) 课堂观察法

1. 观察目的

为进一步考察小学语文延伸式阅读教学在实践中的情况,研究采取定量和定性相结合的课堂观察法,即制定观察量表,用数据展示结果,同时运用文字将课堂观察所得资料进行整理、归纳和分析,以期从真实的课堂教学中发现存在的问题及原因,从而提出合理有效的改进措施。

2. 观察对象

本研究的观察对象为上海市浦东新区明珠森兰小学二至四年级5位语文教师的教学课堂。自编了相应的课堂观察量表,并以此为观察点,通过对5位语文教师课堂教学的观察,分析这5位语文教师的延伸式阅读课堂教学表现情况,并了解目前延伸式阅读教学开展的现实问题和困境。

3. 观察工具编制

课题组成员深入一线课堂现场实地聆听延伸式阅读教学的开展情况,结合实际教学情况根据研究内容设计课堂观察提纲及课堂观察量表,重点从教学设计、教学实施、教学效果这三个方面进行观察和分析。

## 四、调查结果分析

### (一) 教师问卷结果分析

教师问卷共包含30道问题,包括24道单选题和6道多选题。单选题主要是对参与调查的教师个人信息、对延伸式阅读教学的认知和使用情况的了解,例如教师的性别、任教年级、教龄、学历和职称、延伸式阅读教学的概念了解程度、延伸式阅读教学和一般阅读教学以及延伸式阅读教学和课外阅读教学之间的联系程度等;多选题主要是为了了解延伸式阅读教学的实施和教师对延伸式阅读教学效果的反馈情况,例如选择延伸式阅读教学文本的渠道、落实延伸式阅读教学的方式和当前面临的主要困难等。

1. 调查对象(教师)基本信息分析

根据对教师调查问卷的统计和梳理,得出参与问卷调查的教师的基本信息(见表3)。

在本次问卷调查中,教师问卷共回收31份,有效卷共30份,有效率为97%。其中男教师仅有1位,女教师居多,占比96.7%。从教龄上来看,教龄在1—5年和10年及10年以上的教师分别有11人和9人;具体来看,教龄小于1年的教师占比为13.3%,教龄在1—5年(不包括5年)的教师占比为36.7%,教龄在5—10年(不包括10年)的教师占比为23.3%,教龄在10年及10年以上的教师占比26.7%,可以看出该学校教师的教龄以5年为分界点,少于5年的和多于5年的各占一半。

从任教学段来看,在这些参与调查的30位教师中,一至二年级教师占比最多,共计12位,三至四年级次之,共有11位,参与调查的五年级教师数量占比最低,共7位,但在整体的任教年级分布上较为平衡。另外,从学历和职务来看,在30位教师中,大专及大专以下学历的教师0位,93.3%的教师为本科学历,6.7%的教师为研究生及以上学历;一级教师共12人,占比40%,二级教师14人,占比46.7%,此外,高级教师0位,而暂无职称的教师有4位,占比 13.3%。可见学校对中小学教师文化程度的要求逐渐提高,参与本次调查的大部分教师为普通教师,且新手教师占一定比例。

表3 教师基本信息统计表

| 问题 | 选项 | 频率 | 百分比(%) |
| --- | --- | --- | --- |
| 性别 | 男 | 1 | 3.3 |
|  | 女 | 29 | 96.7 |
| 任教学段 | 一至二年级 | 12 | 40 |
|  | 三至四年级 | 11 | 36.7 |
|  | 五年级 | 7 | 23.3 |
| 最高学历 | 中专 | 0 | 0 |
|  | 大专 | 0 | 0 |
|  | 本科 | 28 | 93.3 |
|  | 硕士及以上 | 2 | 6.7 |
| 教龄 | 1年以下 | 4 | 13.3 |
|  | 1—5年(不包括5年) | 11 | 36.7 |
|  | 5—10年(不包括10年) | 7 | 23.3 |
|  | 10年及10年以上 | 8 | 26.7 |
| 职称 | 高级教师 | 0 | 0 |
|  | 一级教师 | 12 | 40 |
|  | 二级教师 | 14 | 46.7 |
|  | 暂无职称教师 | 4 | 13.3 |

2. 教师问卷的信度与效度分析

(1) 信度分析。在本研究中,信度指的是延伸式阅读教学现状(教师卷)的指标对衡量教师关于当前开展延伸式阅读教学现状评价的可靠性和一致性。本文采用的是克朗巴哈 α 信度系数(Cronbach's α)分析法。一般情况下，α 系数的值在[0,1]内变化，如果量表的信度系数在 0.9~1 之间，认为量表具有非常高的信度；当系数在 0.7~0.9 之间，说明量表设计合理；在 0.5~0.7 之间，说明存在部分题项有待修改完善；系数在 0.5 以下，说明量表的信度较差。根据已有数据利用信度分析法对其内在信度分析，据表 4 可知，克朗巴哈 α 系数为 0.867，说明量表设计合理，内在信度较高。

**表 4　教师问卷信度分析表**

| Cronbach's α | 基于标准化的 Cronbach's α | 项　数 |
| --- | --- | --- |
| 0.851 | 0.867 | 11 |

(2) 效度分析。效度分析是一种测度测量工具是否具有有效性以及准确性的分析方法。本研究通过对"延伸式阅读"这一主题的相关研究进行梳理，确定测量维度并编制了延伸式阅读教学现状调查问卷(教师卷)。此外，本研究通过 KMO 和巴特利特球度检验进行验证。由于 KMO 统计量的取值在[0,1]之间，数值越接近于 1，意味着变量之间的相关性越强；巴特利特球度检验以原有变量的相关系数为出发点，检验变量之前是否存在显著性差异。据表 5 可知，KMO 数值为 0.727，可以认为变量适合做因子分析；同时显著性概率 $P$ 值为 0.000，达到显著性水平。由此，本次研究中使用的延伸式阅读教学现状调查问卷(教师卷)具有较高效度，可用于观察研究。

**表 5　教师问卷效度检验表**

| KMO 和巴特利特球度检验 | | |
| --- | --- | --- |
| KMO 取样适切性量数 | | 0.727 |
| 巴特利特球度检验 | 近似卡方 | 221.676 |
| | 自由度 | 55.00 |
| | 显著性 | 0.000 |

3. 描述性统计分析

（1）关于延伸式阅读教学的认知现状。问题 6—8 旨在了解教师对延伸式阅读这一概念的理解程度。由表 6 可知，教师关于"延伸式阅读教学的概念理解"的均值为 4.1，而关于"延伸式阅读教学与一般阅读教学""延伸式阅读教学与课外阅读教学"的比较认知的均值分别仅有 2.45 和 2.48，小于参考均值 3。这说明，教师虽然对延伸式阅读教学的概念有一定的了解，但尚未区别延伸式阅读教学与其他阅读教学之间的不同，未能真正把握延伸式阅读教学的本质。

**表 6　关于延伸式阅读教学概念的认知情况统计表**

| 题　项 | 样本量 | 均　值 |
| --- | --- | --- |
| 您了解延伸式阅读教学的概念吗？ | 30 | 4.1 |
| 延伸式阅读教学与一般阅读教学相比 | 30 | 2.45 |
| 延伸式阅读教学与课外阅读教学相比 | 30 | 2.48 |

问题 9—14 旨在了解教师对延伸式阅读教学价值功能的认知情况。由图 1 可知，参与调查的教师均支持开展延伸式阅读教

学,其中66.7%的教师表示"十分支持",26.7%的教师表示"比较支持",持"一般支持"态度的教师占比6.6%。据表7可进一步得知,63.3%的教师认为延伸式阅读教学对提升学生的语文能力十分有帮助,60.0%的教师认为延伸式阅读教学对提升学生的语文成绩十分有帮助,56.7%的教师认为延伸式阅读教学对教师的专业发展十分有帮助。这说明,目前教师对延伸式阅读教学的教育价值功能有正确的认知和定位,并愿意开展延伸式阅读教学,这为真正落实有效的延伸式阅读教学奠定了良好的基础。

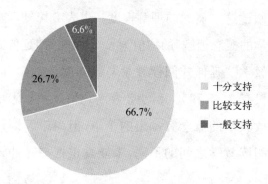

图1 教师对延伸式阅读教学态度倾向调查结果

表7 教师对延伸式阅读教学价值功能的认知情况统计表

| 题项 \ 态度倾向 | 十分有帮助 | | 比较有帮助 | | 一般 | | 不太有帮助 | | 没帮助 | |
|---|---|---|---|---|---|---|---|---|---|---|
| | 频数 | 百分比(%) | 频数 | 百分比(%) | 频数 | 百分比(%) | 频数 | 百分比(%) | 频数 | 百分比(%) |
| 对学生阅读能力的提升 | 19 | 63.3 | 9 | 30.0 | 2 | 6.7 | 0 | 0 | 0 | 0 |
| 对学生语文成绩的提升 | 18 | 60.0 | 7 | 23.3 | 5 | 16.7 | 0 | 0 | 0 | 0 |
| 对教师的专业发展 | 17 | 56.7 | 10 | 33.3 | 3 | 10.0 | 0 | 0 | 0 | 0 |

(2)关于延伸式阅读教学的实施现状。关于延伸式阅读教学的实施现状的调查主要包括使用频率及原因、文本选择、操作方式和落实情况四部分。下面将结合调查数据进行分析:

第一,使用频率及原因调查情况。

关于问题15"您在日常教学中采用延伸式阅读教学的频率是多少?"的调查结果,据图2可知,"少部分的课文使用"占比为53.0%,超过一半,仅有27.0%的教师选择"大多数的课文使用",这说明虽然教师对延伸式阅读教学持认可的态度,但实际的应用频率较低。

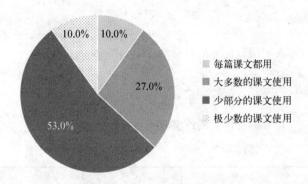

**图2 教师在日常教学中开展延伸式阅读教学频率的调查结果**

进一步分析教师使用延伸式阅读教学的原因。因问题16"您使用延伸式阅读教学的原因是什么?"为复选题,对于复选题,响应中的个案数表示该选项被勾选的次数,百分比为被勾选次数占总勾选次数的百分比,因而四个选项的总百分比和为100%;个案百分比为各选项被勾选的次数除以有效观察人数(本次调查中有效观察人数为30人),复选题次数分布表中"观察值百分比"即"个案百分比"列数值来诠释全体样本勾选各选项的情形比较适切。据表8可知,80.0%的教师选择为了提升学生的语文素养,76.7%的教师选择"课程标准的提倡",63.3%的教师选择"学校的重视",

33.3%的教师选择为了提升学生的语文成绩。由此观之,教师开展延伸式阅读教学活动旨在提升学生的语文素养,与传统教育教学观念相比,减少了一味追求成绩的功利化理念,另外课程标准的提倡和学校的重视也会对教师是否选用延伸式阅读教学产生一定的影响。

表8 教师使用延伸式阅读教学的原因统计表

| | | | 响应 | | 个案百分比(%) |
|---|---|---|---|---|---|
| | | | 个案数 | 百分比(%) | |
| 使用原因 | A | 课程标准的提倡 | 23 | 30.3 | 76.7 |
| | B | 学校的重视 | 19 | 25.0 | 63.3 |
| | C | 期望提升学生的成绩 | 10 | 13.2 | 33.3 |
| | D | 提升学生的语文素养 | 24 | 31.5 | 80.0 |
| | | 总计 | 76 | 100 | 253.3 |

第二,教学设计与文本选择调查情况。

关于问题17"您是怎样进行延伸式阅读教学设计的?",86.7%的教师会依据课程标准和教师参考用书等理论指导,80.0%的教师会结合自身的阅读经验,66.7%的教师会参考优秀的教学案例,采用"与其他教师研讨"和"借助网络资源"的占比分别为63.3%和56.7%(见表9)。这说明,在进行教学设计时多数的教师都能依据课标要求把握教学实施准确方向,但不管是结合自身经验、参考科学理论还是优秀的教学案例,都是采用的个人学习方式,和其他教师互动探究的合作式学习较少,不利于在教师之间形成良好的延伸式阅读教学研讨氛围。

## 第三章 延伸式阅读教学的现状调查

表9 教师进行延伸式阅读教学设计的调查情况表

| | | | 响应 | | 个案百分比（%） |
|---|---|---|---|---|---|
| | | | 个案数 | 百分比（%） | |
| 如何进行教学设计 | A | 依据自己的阅读积累 | 24 | 22.6 | 80.0 |
| | B | 依据课标、教学参考书等 | 26 | 24.6 | 86.7 |
| | C | 借助网络资源 | 17 | 16.0 | 56.7 |
| | D | 优秀的教学案例 | 20 | 18.9 | 66.7 |
| | E | 与其他教师研讨 | 19 | 17.9 | 63.3 |
| | | 总计 | 106 | 100 | 353.3 |

关于问题18"您当前选择延伸式阅读教学文本内容的渠道是什么?"的调查结果,据表10可知,96.7%的教师选择"教材和教参的推荐",83.3%的教师选择"教师研讨的结果",还有73.3%的教师选择"优秀案例的指导","自身经验"和"学校配备的资料"各占56.7%。由此可见,教材和教师参考用书上的推荐链接是当前延伸式阅读教学文本内容的主要来源,"学校配备的资料"占比相对较少,说明学校需要为开展延伸式阅读教学提供多样化的内容文本供教师参考和学生阅读。

表10 教师开展延伸式阅读教学时文本内容来源渠道的调查情况表

| | | | 响应 | | 个案百分比（%） |
|---|---|---|---|---|---|
| | | | 个案数 | 百分比（%） | |
| 教学文本内容来源 | A | 教材和教参的推荐 | 29 | 26.4 | 96.7 |
| | B | 自身经验 | 17 | 15.5 | 56.7 |

续 表

| | | | 响应 | | 个案百分比（%） |
|---|---|---|---|---|---|
| | | | 个案数 | 百分比（%） | |
| 教学文本内容来源 | C | 教师研讨的结果 | 25 | 22.6 | 83.3 |
| | D | 优秀案例的指导 | 22 | 20.0 | 73.3 |
| | E | 学校配备的资料 | 17 | 15.5 | 56.7 |
| | | 总计 | 110 | 100 | 366.7 |

进一步了解当前延伸式阅读教学的文本内容类型，据图3可知，"优秀文学作品"占60.0%，"经典名著"占23.4%，"科普短文"和"时事热点"仅分别占13.3%和3.3%。结合当前小学语文教材内容的类型占比考虑，能够说明当前延伸式阅读教学是基于教材内容开展的，符合延伸式阅读教学的特征。同时也反映出当前教学内容的单一化和浅显化，教师未能对文学作品和经典名著进行深度剖析，进一步链接其他的文本材料，丰富学生的阅读内容，拓宽视野。据图4可知，在选择文本时，最注重"与课内文本的关联性"的教师占

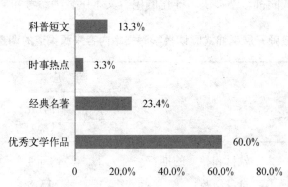

图3 延伸式阅读教学主要内容调查结果

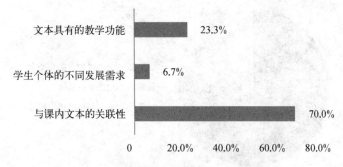

图 4　教师选文时最注重的因素调查结果

比为 70.0%,关注学生个体发展需求的仅有 6.7%。这说明教师在开展延伸式阅读教学时忽视了学生个人的兴趣和发展需要。

第三,阅读指导与教学模式类型调查情况。关于"在延伸式阅读教学中,您对学生的指导通常是在哪个阶段?"的调查结果,由图 5 可知,46.0% 的教师在阅读前进行指导,30.0% 的教师在阅读过程中指导,17.0% 的教师随机指导,7.0% 的教师在阅读后进行指导。这说明,教师重视在延伸式阅读教学时对学生进行指导,但也能够看出阅读指导主要集中在教学之前,忽视了阅读过程中和阅读后学生的指导需求,阅读教学不仅需要明确目标,也需要做好反思总结。据图 6 可知,"学生个人与小组合作相结合"

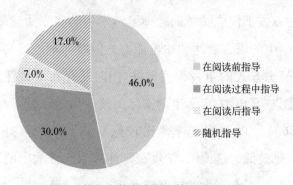

图 5　教师在教学中指导情况调查结果

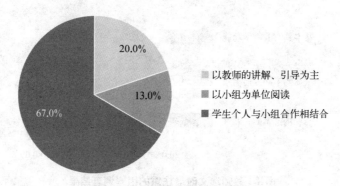

图 6 延伸式阅读教学模式使用情况调查结果

的占比最高,为 67.0%,以教师个人的讲解引导为主的有 20.0%,只采取小组为单位的阅读模式占 13.0%,而学生个人进行阅读的占比为 0。这说明,小组合作和个人阅读相结合的方式是当前教学中最常使用的,符合我国大班教学的实际需要,也给予了学生更多的自主权。

第四,阅读检查和实际效果情况。由表 11 可知,关于"如何检查了解学生的实际阅读情况",86.7% 的教师采用"学生围绕主题汇报交流"的方式,"教师提问学生口答""学生做读书笔记"和"学生写读后感"三种方式的占比均在 50.0% 左右,几乎不检查的占 3.3%。由此观之,围绕主题汇报交流是当前教学中最常用的检查方式,这种方式不仅能够帮助教师了解学生的实际阅读效果,而且能够锻炼学生的语言表达和输出能力。但教师对做读书笔记和写读后感的静态方式的重视程度欠缺,同时还存在不做任何检查的行为。据图 7 可知,关于学生的实际阅读效果,40.0% 的教师选择"一般",36.7% 的教师选择"比较好",选择"非常好"的仅有 23.3%,占比最低。这说明,学生在延伸式阅读教学中的实际阅读效果并不理想,尚有巨大的提升空间。

第三章 延伸式阅读教学的现状调查

表 11 教师落实学生延伸式阅读教学中阅读情况方式的调查情况表

| | | | 响应 | | 个案百分比（%） |
|---|---|---|---|---|---|
| | | | 个案数 | 百分比（%） | |
| 如何落实阅读效果 | A | 教师提问学生口答 | 16 | 21.6 | 53.3 |
| | B | 学生做读书笔记 | 15 | 20.3 | 50.0 |
| | C | 学生写读后感 | 16 | 21.6 | 53.3 |
| | D | 学生围绕主题汇报交流 | 26 | 35.1 | 86.7 |
| | E | 几乎不检查 | 1 | 1.4 | 3.3 |
| | | 总计 | 74 | 100 | 246.7 |

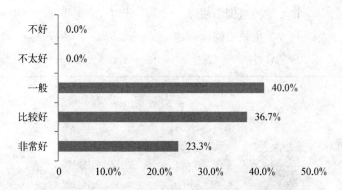

图 7 延伸式阅读教学中学生实际阅读效果调查结果

（3）关于延伸式阅读教学反馈的现状。

一是教师和学生当前面临的困难情况。由表 12 可知，关于开展延伸式阅读教学存在的困难，"缺乏教学时间精力"的占比最高，为 83.3%；其次是"缺乏专家系统理论指导"，占比为 50.0%；紧接着是"相关教学资源匮乏"和"自身文本解读力低"，占比分别为 46.7% 和 40.0%。结合图 8 可知，学生所面临的困难占比最高的选项是"缺少阅读时间"，比例高达 66.7%。由此可见，缺乏进行延伸式阅读的充足时间是师生共同面临的困境。另外,相关教学资源匮乏,而且教师自身文本解读能力有待提升。

表 12 教师开展延伸式阅读教学面临的困难调查情况表

| | | | 响应 | | 个案 |
|---|---|---|---|---|---|
| | | | 个案数 | 百分比（%） | 百分比（%） |
| 教师教学面临困难 | A | 缺乏专家系统理论指导 | 15 | 20.0 | 50.0 |
| | B | 自身文本解读力低 | 12 | 16.0 | 40.0 |
| | C | 缺乏教学时间精力 | 25 | 33.3 | 83.3 |
| | D | 相关教学资源匮乏 | 14 | 18.7 | 46.7 |
| | E | 学校氛围不浓厚 | 4 | 5.3 | 13.3 |
| | F | 学生缺乏阅读兴趣 | 5 | 6.7 | 16.7 |
| | | 总计 | 75 | 100 | 250.0 |

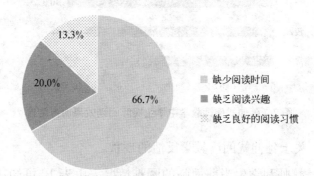

图 8 学生在延伸式阅读学习中面临的困难调查结果

二是学校相关培训和教研的开展情况。由表 13 可知,教师选择学校定期组织延伸式阅读教学专题培训和集体教研活动的占比分别为 53.3% 和 56.7%,选择"经常组织"这两种形式活动的各占比 33.3%,还有 3.3% 的选择"从未组织过"专题培训。这说明学校是有关于延伸式阅读教学的培训和教研活动的,但教师的参与程度不一致。

表 13　学校开展延伸式阅读教学专题培训和集体教研调查情况表

| 题项\频率 | 定期组织 | | 经常组织 | | 只有一两次 | | 从未组织过 | |
| --- | --- | --- | --- | --- | --- | --- | --- | --- |
| | 频数 | 百分比(%) | 频数 | 百分比(%) | 频数 | 百分比(%) | 频数 | 百分比(%) |
| 专题培训情况 | 16 | 53.3 | 10 | 33.3 | 3 | 10.0 | 1 | 3.3 |
| 集体教研情况 | 17 | 56.7 | 10 | 33.3 | 3 | 10.0 | 0 | 0 |

三是教师期望得到的支持类型情况。结合表 14 的数据,将对问题 30"在延伸式阅读教学方面,您希望得到什么样的支持?"的选项结果按照占比由高到低进行排列,分别为:相关理论书籍(73.3%)＞优秀课例指导(66.7%)＞专家讲座(53.3%)＞同行深入交流(50.0%)＞专题培训(46.7%)。这说明,教师更需要文本内容和可借鉴实施的案例进行学习和参考,指向实际的教学需求。

表 14　教师期望在开展延伸式阅读教学时得到的帮助类型调查情况表

| | | | 响应 | | 个案百分比(%) |
| --- | --- | --- | --- | --- | --- |
| | | | 个案数 | 百分比(%) | |
| 期望得到哪些支持 | A | 相关理论书籍 | 22 | 25.3 | 73.3 |
| | B | 专家讲座 | 16 | 18.4 | 53.3 |
| | C | 优秀课例指导 | 20 | 23.0 | 66.7 |
| | D | 同行深入交流 | 15 | 17.2 | 50.0 |
| | E | 专题培训 | 14 | 16.1 | 46.7 |
| | | 总计 | 87 | 100 | 290.0 |

4. 差异性统计分析

教师调查问卷从延伸式阅读教学认知、教学实施和教学反馈三个角度展开,本部分试图探析具有不同学历、教龄、职称、任教学段的教师对延伸式阅读教学的认知、使用频率和反馈情况的差异。

(1) 调查对象的学历差异分析。该分析对教师的学历中专、大专、本科、硕士研究生及以上分别赋值为 1、2、3、4 进行方差分析,以探究具有不同学历的教师对于延伸式阅读教学的开展是否具有显著差异。

首先,通过单因素方差分析得到了不同学历教师对延伸式阅读教学的认知差异分析表(表 15)。从数据可以看出,$F$ 统计量为 0.006,显著性 $P$ 值为 0.937(大于 0.05),说明不同学历的教师对延伸式阅读教学的认知并不存在显著差异。

表 15 不同学历教师对延伸式阅读教学的认知差异分析表

| 因变量 | 学 历 | $F$ 值 | 显著性 |
| --- | --- | --- | --- |
| 教学认知 | 中专<br>大专<br>本科<br>硕士研究生及以上 | 0.006 | 0.937 |

其次,通过单因素方差分析得到了不同学历教师使用延伸式阅读教学频率的差异分析表(表 16)。从数据可以看出,$F$ 统计量为 0.432,显著性 $P$ 值为 0.516(大于 0.05),说明不同学历的教师对延伸式阅读教学的使用频率并不存在显著差异。

表 16 不同学历教师使用延伸式阅读教学频率的差异分析表

| 因变量 | 学 历 | $F$ 值 | 显著性 |
| --- | --- | --- | --- |
| 使用频率 | 中专<br>大专<br>本科<br>硕士研究生及以上 | 0.432 | 0.516 |

最后,通过单因素方差分析得到了不同学历教师对延伸式阅读教学反馈情况的差异分析表(表17)。从数据可以看出,$F$ 统计量为 0.372,显著性 $P$ 值为 0.547(大于 0.05),说明不同学历的教师对延伸式阅读教学的反馈情况并不存在显著差异。

表 17 不同学历教师对延伸式阅读教学反馈情况的差异分析表

| 因变量 | 学 历 | $F$ 值 | 显著性 |
| --- | --- | --- | --- |
| 教学反馈 | 中专<br>大专<br>本科<br>硕士研究生及以上 | 0.372 | 0.547 |

(2) 调查对象的教龄差异分析。该分析对教师的教龄进行赋值。1 年以下、1—5 年(包括 1 年)、5—10 年(包括 5 年)、10 年及 10 年以上分别赋值为 1、2、3、4 进行方差分析,以探究不同教龄的教师对于延伸式阅读教学的认知与开展是否具有显著差异。

首先,通过单因素方差分析得到了不同教龄教师对延伸式阅读教学的认知差异分析表(表 18)。从数据可以看出,$F$ 统计量为

0.523,显著性 P 值为 0.670(大于 0.05),说明不同教龄的教师对延伸式阅读教学的认知并不存在显著差异。

表 18 不同教龄教师对延伸式阅读教学的认知差异分析表

| 因变量 | 教龄 | F 值 | 显著性 |
| --- | --- | --- | --- |
| 教学认知 | 1 年以下 | 0.523 | 0.670 |
|  | 1—5 年(包括 1 年) |  |  |
|  | 5—10 年(包括 5 年) |  |  |
|  | 10 年及 10 年以上 |  |  |

其次,通过单因素方差分析得到了不同教龄教师在日常教学中使用延伸式阅读教学频率的差异分析表(表 19)。从数据可以看出,F 统计量为 2.065,显著性 P 值为 0.129(大于 0.05),说明不同教龄的教师在日常教学中开展延伸式阅读教学的频率并不存在显著差异。

表 19 不同教龄教师使用延伸式阅读教学频率的差异分析表

| 因变量 | 教龄 | F 值 | 显著性 |
| --- | --- | --- | --- |
| 使用频率 | 1 年以下 | 2.065 | 0.129 |
|  | 1—5 年(包括 1 年) |  |  |
|  | 5—10 年(包括 5 年) |  |  |
|  | 10 年及 10 年以上 |  |  |

最后,通过单因素方差分析得到了不同教龄教师对延伸式阅读教学情况反馈情况的差异分析表(表 20)。从数据可以看出,F

统计量为 1.022,显著性 $P$ 值为 0.399(大于 0.05),说明不同教龄的教师对延伸式阅读教学的反馈情况并不存在显著差异。

表 20　不同教龄教师对延伸式阅读教学反馈情况的差异分析表

| 因变量 | 教　龄 | $F$ 值 | 显著性 |
| --- | --- | --- | --- |
| 教学反馈 | 1 年以下 | 1.022 | 0.399 |
|  | 1—5 年(包括 1 年) |  |  |
|  | 5—10 年(包括 5 年) |  |  |
|  | 10 年及 10 年以上 |  |  |

(3) 调查对象的职称差异分析。该分析对教师的职称进行赋值。对高级教师、一级教师、二级教师和暂无职称教师分别赋值为 1、2、3、4 进行方差分析,以探究不同职称的教师对延伸式阅读教学的认知与开展是否具有显著差异。

首先,通过单因素方差分析得到了不同职称教师对延伸式阅读教学的认知差异分析表(表 21)。从数据可以看出,$F$ 统计量为 0.620,显著性 $P$ 值为 0.546(大于 0.05),说明不同职称的教师对延伸式阅读教学的认知并不存在显著差异。

表 21　不同职称的教师对延伸式阅读教学的认知差异分析表

| 因变量 | 职　称 | $F$ 值 | 显著性 |
| --- | --- | --- | --- |
| 教学认知 | 高级教师 | 0.620 | 0.546 |
|  | 一级教师 |  |  |
|  | 二级教师 |  |  |
|  | 暂无职称教师 |  |  |

其次,通过单因素方差分析得到了不同职称教师在日常教学中采用延伸式阅读教学的频率差异分析表(表 22.1)。从数据可以看出,$F$ 统计量为 3.707,显著性 $P$ 值为 0.038(小于 0.05),说明不同职称的教师在日常教学中采用延伸式阅读教学的频率存在显著差异。进一步采用 LSD 事后检验进行两两比较,得到(表 22.2),从数据可以看出,二级教师职称与暂无职称教师之间在使用频率上的显著性 $P$ 值为 0.011(小于 0.05),说明具有二级职称的教师和暂无职称的教师在日常教学中开展延伸式阅读教学的频率存在显著差异。

表 22.1 不同职称教师使用延伸式阅读教学的频率差异分析表

| 因变量 | 职 称 | $F$ 值 | 显著性 |
| --- | --- | --- | --- |
| 使用频率 | 高级教师 | 3.707 | 0.038 |
|  | 一级教师 |  |  |
|  | 二级教师 |  |  |
|  | 暂无职称教师 |  |  |

表 22.2 不同职称教师使用延伸式阅读教学的频率差异分析表

| | (I)名称 | (J)名称 | 平均差 | 显著性 |
| --- | --- | --- | --- | --- |
| 使用频率 | 一级教师 | 二级教师 | −0.310 | 0.299 |
|  |  | 暂无职称教师 | 0.833 | 0.062 |
|  | 二级教师 | 一级教师 | 0.310 | 0.299 |
|  |  | 暂无职称教师 | 1.143* | 0.011 |
|  | 暂无职称教师 | 一级教师 | −0.833 | 0.062 |
|  |  | 二级教师 | −1.143* | 0.011 |

最后，通过单因素方差分析得到了不同职称教师对延伸式阅读教学反馈情况的差异分析表（表23）。从数据可以看出，$F$ 统计量为 1.897，显著性 $P$ 值为 0.170（大于 0.05），说明不同教龄的教师对延伸式阅读教学的反馈情况并不存在显著差异。

表 23　不同职称教师对延伸式阅读教学反馈情况的差异分析表

| 因变量 | 职　　称 | $F$ 值 | 显著性 |
| --- | --- | --- | --- |
| 教学反馈 | 高级教师<br>一级教师<br>二级教师<br>暂无职称教师 | 1.897 | 0.170 |

（4）调查对象的任教学段差异分析。该分析对教师的任教学段进行赋值。一至二年级、三至四年级、五年级分别赋值为 1、2、3 进行方差分析，以探究不同任教学段的教师对延伸式阅读教学的认知与开展是否具有显著差异。

首先，通过单因素方差分析得到了不同任教学段教师对延伸式阅读教学的认知差异分析表（表24）。从数据可以看出，$F$ 统计量为 0.690，显著性 $P$ 值为 0.510（大于 0.05），说明不同任教学段教师对延伸式阅读教学的认知并不存在显著差异。

表 24　不同任教学段教师对延伸式阅读教学的认知差异分析表

| 因变量 | 任教学段 | $F$ 值 | 显著性 |
| --- | --- | --- | --- |
| 教学认知 | 一至二年级<br>三至四年级<br>五年级 | 0.690 | 0.510 |

其次，通过单因素方差分析得到了不同任教学段教师在日常教学中对延伸式阅读教学使用频率的差异分析表（表25）。从数据可以看出，$F$统计量为0.517，显著性$P$值为0.602（大于0.05），说明不同任教学段教师在日常教学中采用延伸式阅读教学的频率不存在显著差异。

表25　不同任教学段教师对延伸式阅读教学使用频率的差异分析表

| 因变量 | 任教学段 | $F$值 | 显著性 |
| --- | --- | --- | --- |
| 使用频率 | 一至二年级<br>三至四年级<br>五年级 | 0.517 | 0.602 |

最后，通过单因素方差分析得到了不同任教学段教师对延伸式阅读教学情况反馈的差异分析表（表26）。从数据可以看出，$F$统计量为0.868，显著性$P$值为0.431（大于0.05），说明不同任教学段教师对延伸式阅读教学的反馈情况并不存在显著差异。

表26　不同任教学段教师对延伸式阅读教学反馈情况的差异分析表

| 因变量 | 任教学段 | $F$值 | 显著性 |
| --- | --- | --- | --- |
| 反馈情况 | 一至二年级<br>三至四年级<br>五年级 | 0.868 | 0.431 |

## （二）学生问卷结果分析

学生问卷主体共包括三个部分，分别是阅读认知、阅读习惯以及学生反馈（见表27）。

## 第三章 延伸式阅读教学的现状调查

**表 27 学生问卷题目明细**

| | 一级指标 | 二级指标 | 题目 |
|---|---|---|---|
| 延伸式阅读教学（学生问卷） | 阅读认知 | 阅读兴趣 | 3 |
| | | 阅读时长 | 4 |
| | | 阅读来源 | 5 |
| | | 阅读主动性 | 8 |
| | | 阅读重要性 | 6、7 |
| | 阅读习惯 | 阅读偏好 | 9 |
| | | 阅读方式 | 10、11、12、15、16 |
| | | 阅读困难 | 13、14 |
| | 学生反馈 | 指导的反馈 | 17、18、19、20、21 |
| | | 效果的反馈 | 22、23 |

**1. 调查对象（学生）基本信息分析**

本研究以上海市浦东新区明珠森兰小学为研究对象。该小学建校于 2015 年，现有 30 个教学班。本研究所调查的主要对象（学生）是三至五年级的全体学生，共回收问卷 774 份，有效问卷 770 份。其中三年级学生 270 人，占比 35.1%。四年级学生 264 人，占比 34.3%。五年级学生 236 人，占比 30.6%。三个年级学生占比基本平均。（见表 28）

**表 28 学生样本年级分布情况**

| 年级 | 人数 | 占比（%） |
|---|---|---|
| 三年级 | 236 | 30.6 |
| 四年级 | 264 | 34.3 |
| 五年级 | 270 | 35.1 |

从学生样本的男女比例分布来看,本次回收的有效样本中,男生共 285 人,占比 50.0%,女生共 385 人,占比 50.0%(见表 29)。男女比例分布十分平均。

表 29 学生样本性别分布情况

| 性 别 | 人 数 | 占比(%) |
| --- | --- | --- |
| 男 | 385 | 50.0 |
| 女 | 385 | 50.0 |

2. 学生问卷的信度与效度分析

(1) 信度分析。如表 30 所示,学生问卷整体信度系数为 0.823,说明研究数据信度较好。

表 30 学生问卷信度分析表

| Cronbach's α | 项 数 |
| --- | --- |
| 0.823 | 12 |

(2) 效度分析。对延伸式阅读现状调查问卷(学生卷)中的量表题进行效度检验,其目的为检验问卷中的题目对于本次要研究的内容是否具有代表性,能否调查出本研究想要了解的实际现状。如表 31 所示,KMO 值为 0.901,高于 0.8,题项变量之间存在相关性;巴特利特球形度检验中显著性 $P$ 值为 $0.000<0.05$,水平上呈现显著性,说明该问卷数据适用于做因子分析。

表 31　学生问卷效度检验表

| KMO 和巴特利特检验 | | |
| --- | --- | --- |
| KMO 取样适切性量数 | | 0.901 |
| 巴特利特球形度检验 | 近似卡方 | 4 871.132 |
| | 自由度 | 78 |
| | 显著性 | 0.000 |

3. 描述性统计分析

关于学生延伸式阅读情况的反馈主要包括延伸式阅读认知、延伸式阅读习惯以及学生对教师延伸式阅读教学和效果的反馈。

(1) 学生阅读认知分析。该部分主要从阅读兴趣、阅读时长、阅读文本来源、阅读重要性的认知阅读主动性这几个方面来了解学生的阅读认知。

通过对学生阅读兴趣的回答发现,一半以上的学生对课外阅读非常喜欢,27.3%的学生对课外阅读比较喜欢,其余选项之和为13.9%(见图9)。可见小学三至五年级的孩子普遍对课外阅读有兴趣,课外阅读是拓宽学生视野、培养学生各项能力的有效途径,这说明课外阅读是值得大力提倡的。同时针对部分对阅读并不是十分喜欢的学生,教师需要通过各种方式有针对性地提升他们对于阅读的兴趣。

从学生平均每天阅读时长来看,55.71%的学生阅读时间在0.5—1 小时。每天花 0—0.5 小时阅读的学生占 22.5%。每天阅读 1 小时以上的学生占 20.1%(见图 10)。通过数据发现,三至五年级的学生中仍然有 1.7% 的学生从不花时间阅读。

通过以上两项数据来看,绝大部分三至五年级学生对阅读有不小的兴趣,但每天的阅读时长却不多。

| 选项 | 小计 | 比例 |
| --- | --- | --- |
| 非常不喜欢 | 6 | 0.8% |
| 不太喜欢 | 11 | 1.4% |
| 一般喜欢 | 90 | 11.7% |
| 比较喜欢 | 210 | 27.3% |
| 非常喜欢 | 453 | 58.8% |
| 本题有效填写人次 | 770 | |

图 9　学生阅读兴趣调查结果

| 选项 | 小计 | 比例 |
| --- | --- | --- |
| 1 小时以上 | 155 | 20.1% |
| 0.5—1 小时 | 429 | 55.7% |
| 0—0.5 小时 | 173 | 22.5% |
| 不花时间 | 13 | 1.7% |
| 本题有效填写人次 | 770 | |

图 10　学生阅读时长调查结果

从阅读文本的来源情况(见图 11)可见,96.75% 的学生选择了"父母购买"的选项,可见家长对于学生课外阅读的支持度是比较高的。"图书馆借阅"和"班级图书角"占比分别为 38.7% 和 37.1%。由此可见,学校的图书馆和班级的图书角一定程度上起到了提供阅读材料的作用,但远远不够。"向同学借阅"和"电子设备"分别占 23.2% 和 20.0%。从上述数据可知,学生阅读的书籍来源比较单一,基本是由父母购买的。

| 选项(可多选) | 小计 | 比例 | |
|---|---|---|---|
| 图书馆借阅 | 298 | | 38.7% |
| 班级图书角 | 286 | | 37.1% |
| 父母购买 | 745 | | 96.8% |
| 向同学借阅 | 179 | | 23.2% |
| 电子设备 | 154 | | 20.0% |
| 其他 | 16 | | 2.1% |
| 本题有效填写人次 | 770 | | |

图 11　学生阅读文本来源调查结果

由图 12 可知,对于"延伸式阅读能给你带来什么好处?"这一问题,96.8%的学生选择了可以"增长知识,拓宽视野"。84.4%的学生认为延伸式阅读有助于积累优美词句,提高作文水平。73.2%的学生认为延伸式阅读可以提高自己的语文成绩。也有少部分同学认为延伸式阅读可以用来娱乐,打发时间。这说明学生已经能够意识到延伸式阅读的重要性,并且他们能够看到延伸式阅读在各个方面的价值。

| 选项(可多选) | 小计 | 比例 | |
|---|---|---|---|
| 提高语文成绩 | 564 | | 73.2% |
| 增长知识,拓宽视野 | 745 | | 96.8% |
| 打发时间,消遣娱乐 | 288 | | 37.4% |
| 积累优美词句,提高作文水平 | 650 | | 84.4% |
| 其他 | 22 | | 2.9% |
| 本题有效填写人次 | 770 | | |

图 12　学生对延伸式阅读重要性的认识调查结果

在回答"在语文学习中,你是否会进行延伸式阅读?"这一问题时,选择"经常会"和"比较会"的学生共占79.1%,20.9%的学生则不太会在语文学习中进行延伸式阅读,自主性比较缺失(见图13)。

| 选项 | 小计 | 比例 |
| --- | --- | --- |
| 完全不会 | 7 | 0.9% |
| 偶尔会 | 25 | 3.2% |
| 一般 | 129 | 16.8% |
| 比较会 | 227 | 29.5% |
| 经常会 | 382 | 49.6% |
| 本题有效填写人次 | 770 | |

**图13　学生延伸式阅读主动性调查结果**

(2)学生阅读习惯分析。该部分主要从学生延伸式阅读的偏好、阅读的方式以及阅读的困难和解决情况入手,对学生阅读习惯进行分析判断。

通过对学生延伸式阅读的材料偏好结果(见图14)进行梳理发现,学生选择延伸式阅读的文本角度是比较多样的。其中最多的阅读材料为与课内的文本相同主题和相似主题的,占66.2%,课内文本作者相关的阅读和课文选段原书籍的阅读的占比基本持平,分别是55.6%和51.4%。值得关注的是,学生随意选择延伸式阅读内容占比依旧有38.2%,可见教师对延伸式阅读内容的推荐选择依旧需要进一步加强,应该给学生指明方向,给学生提供选择范围,依据学生具体兴趣才能充分发挥延伸式阅读的价值作用。

第三章 延伸式阅读教学的现状调查

| 选项(可多选) | 小计 | 比例 |
|---|---|---|
| 与作者相关的 | 428 | 55.6% |
| 课文选段的原书籍 | 396 | 51.4% |
| 相同主题和相似的内容 | 510 | 66.2% |
| 随意选择 | 294 | 38.2% |
| 其他 | 34 | 4.4% |
| 本题有效填写人次 | 770 | |

图14 学生阅读材料偏好情况调查结果

通过对图15中数据的分析可以发现,在阅读方式的选择上,有45.1%的学生选择"只读,不动笔",25.1%的学生选择会"摘录精彩语句",20.1%的学生会在读书时"圈点勾画,写批注",只有9.3%的学生会在阅读后写读书体会或读后感。可见,学生的延伸式阅读习惯并不理想,仅仅有少部分学生在阅读时会动笔,而写读书体会或读后感的学生则更少。大部分学生的阅读如"雁过无痕,叶落无声",如此只有知识的输入而没有输出,往往会造成读过就忘的后果。

| 选项(可多选) | 小计 | 比例 |
|---|---|---|
| 摘录精彩语句 | 196 | 25.5% |
| 圈点勾画,写批注 | 155 | 20.1% |
| 写读书体会或读后感 | 72 | 9.3% |
| 只读,不动笔 | 347 | 45.1% |
| 本题有效填写人次 | 770 | |

图15 学生阅读方式调查结果

在回答"你在阅读的过程中遇到的最大困难是什么?"时(图16),41.4%的学生选择了"不知道阅读目标,没有阅读方法"。这就需要教师做好延伸式阅读的教学工作,帮助学生确定自己的阅读目标,给学生教授更好的阅读方法。39.7%的学生选择了"学业任务重,没有时间阅读"。该问题,在上述的项目中也有所表现,需要学校制订更加完善的阅读计划来平衡学生的学业任务和阅读。29.4%的学生选择了"理解不了阅读内容"。这需要教师推荐更加适合学生的阅读材料,关注学生差异性,同时在日常的教学中培养学生理解能力。而"没有阅读兴趣,静不下心来阅读"的困难占比最少,但也达到了19.1%。由此可见,如何调动学生的阅读兴趣,依旧是值得讨论的话题。

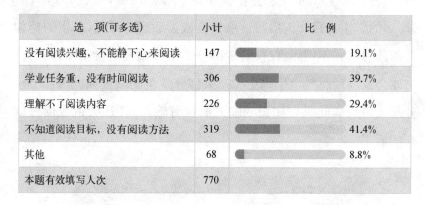

图16 学生延伸式阅读遇到的困难

在进一步调查学生如何解决延伸式阅读中遇到的困难时发现,86.4%的学生选择"请教父母",65.6%的学生选择"查资料",选择"请教老师"和"和同学讨论"的占比相当,分别占35.3%和34.3%,有12.5%的学生选择"不管它,跳过去"(见图17)。由此可见,家长能够承担起家校共育的责任,对学生的阅读十分重视。

学生在一定程度上也能够发挥自己的主观能动性,能自己解决在阅读中遇到的困难。而教师在解决学生阅读困难中的占比却并不高,这或许是因为学生的延伸式阅读多大部分是在家里进行的。

图 17　学生解决延伸式阅读中困难的方式

(3)学生对教师延伸式阅读教学情况和效果的反馈分析。这部分分析主要包括学生对教师延伸式阅读指导情况的反馈和延伸式阅读教学效果的反馈。

对于问题"语文老师指导你们进行延伸式阅读吗?"的回答,54.8%的学生选择老师会经常指导,29.6%学生反馈老师比较会指导,15.6%的学生反馈教师在延伸式阅读方面的指导主动性并不理想(见图 18)。从反馈数据来看,语文教师延伸式阅读教学的指导主动性较好,少部分不理想的反馈或许是因为班额稍大,语文教师指导任务较重,加之较重的教学任务使得教师分身乏术。

在教师指导学生进行延伸式阅读教学的时机上,由学生反馈数据(图 19)可知,70.8%的教师会将延伸式阅读教学穿插在学生整个阅读过程中，15.1%的教师会在阅读前进行阅读指导，阅读过程中和读完后的指导占比相当，分别是7.0%和7.1%。

| 选 项 | 小计 | 比 例 |
|---|---|---|
| 不指导 | 8 | 1.1% |
| 不经常 | 15 | 1.9% |
| 一般 | 97 | 12.6% |
| 比较经常 | 228 | 29.6% |
| 经常会 | 422 | 54.8% |
| 本题有效填写人次 | 770 | |

图 18　学生对教师延伸式阅读指导主动性的反馈结果

| 选 项 | 小计 | 比 例 |
|---|---|---|
| 阅读前 | 116 | 15.1% |
| 阅读过程中 | 54 | 7.0% |
| 阅读完后 | 55 | 7.1% |
| 以上都有 | 545 | 70.8% |
| 本题有效填写人次 | 770 | |

图 19　学生对教师延伸式阅读指导时机的反馈结果

针对"在进行阅读时，你会用到老师上课教的方法吗?"这一问题，41.2%的学生表示经常会用老师上课教的方法，33.1%的学生比较会用到老师上课教的方法，25.7%的学生方法的使用情况并不良好(见图20)，因此教师需要进一步提升学生运用阅读方法的能力，发挥学生主观能动性，使其能自觉、主动地运用学到的阅读技能。

## 第三章 延伸式阅读教学的现状调查

| 选项 | 小计 | 比例 |
|---|---|---|
| 不会 | 14 | 1.8% |
| 偶尔会 | 31 | 4.0% |
| 一般 | 153 | 19.9% |
| 比较会 | 255 | 33.1% |
| 经常会 | 317 | 41.2% |
| 本题有效填写人次 | 770 | |

图 20　学生阅读方法的运用情况调查结果

据学生阅读后的内容掌握情况（见图 21），70.5%的学生能复述出大部分内容，能记住书中的主要人物和主要情节。18.5%的学生能够完整复述出阅读内容，掌握状况良好。11.0%的学生只能复述小部分内容。从数据来看，学生阅读内容掌握情况良好。本题了解的是学生阅读内容掌握的平均情况，学生兴趣不同，阅读的书目的难度不同等都会造成学生内容掌握情况的不同，因此教师需要做好阅读指导工作，帮助学生用好阅读方法，推荐或指导学生选择适合自己的阅读书籍。

| 选项 | 小计 | 比例 |
|---|---|---|
| 能完整复述 | 142 | 18.5% |
| 能说出来大部分内容 | 543 | 70.5% |
| 只能说出来小部分内容 | 85 | 11.0% |
| 本题有效填写人次 | 770 | |

图 21　学生阅读内容掌握情况（调查结果）

对于"你觉得自己延伸式阅读的效果如何?"这一问题的回答,61.8%的学生认为自己有很大收获,36.4%的学生认为延伸式阅读只有一点效果,1.8%的学生则认为延伸式阅读完全没有效果(见图22)。由该数据可见,学生对延伸式阅读产生的效果并不算特别满意,结合访谈结果其原因可以初步归纳为阅读方法的使用效果不佳、阅读内容难以满足全部学生的兴趣和知识水平、阅读时间和条件有限以致阅读不够深入透彻、阅读效果反馈不及时导致效果难以维持。

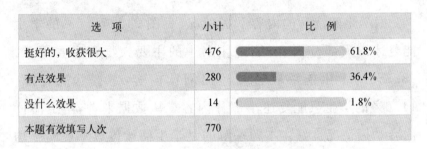

图22 学生对阅读效果的反馈结果

问卷的最后是一道开放题——"写出一本你最近读的课外书,你是如何接触到该书籍的?"由这一问题回答的词频统计结果(见图23)可知,书籍来源多样,阅读的书籍种类丰富。

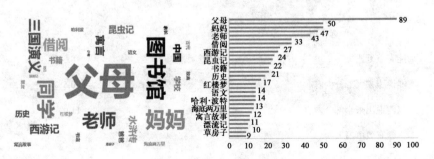

图23 学生阅读书籍及来源词频统计结果

学生阅读的书籍大部分是由家长(母亲占比更高)购买,购买的书籍集中在《草房子》《海底两万里》《哈利·波特》等高人气文学作品。排在第二位的是老师推荐,占比大致为父母购买的 1/3,书籍类型大致为《水浒传》《红楼梦》《三国演义》《昆虫记》《世俗奇人》等与语文课本选段相关的经典文学作品。向同学借阅和从图书馆借阅的方式占比相当,借阅的书籍也种类多样,有《小橘灯》等文学类作品、《大英百科全书》等工具类书籍、《地图百科》等科普类书籍以及《史记》等历史类书籍。

但同时也发现,有些学生阅读的如《三体》《流浪地球》《恶意》等书籍并不适合他们现有的年龄阶段。这些书籍的内容学生难以理解,也无益于帮助学生建立良好的世界观和人生观,因此教师不仅要引导学生选择适合自己的书,也要帮助家长做好书籍的挑选工作。

4. 差异性统计分析

(1) 不同性别学生在延伸式阅读现状中的差异性分析。因性别(男或女)为二分变量,因此应采用独立样本 T 检验。本部分主要从学生阅读认知、学生阅读习惯以及学生对阅读教学和效果的反馈三个方面分析不同性别学生的差异性。

一是学生阅读认知。通过 SPSS 24.0 版本,对不同性别的学生的阅读认知做了差异性分析,该维度包括对不同性别学生的阅读兴趣、阅读时长、阅读重要性认知和阅读主动性的分析。从表 32 可知:阅读兴趣方面的显著性 $P=0.230>0.05$,说明不同性别的学生在阅读兴趣上并无明显差异;阅读时长方面的显著性 $P=0.758>0.05$,说明不同性别的学生在阅读时长上并无明显差异;阅读重要性认知方面的显著性 $P=0.114>0.05$,说明不同性别的学生在阅读重要性认知上并无明显差异;阅读主动性方面的显著性 $P=0.176>0.05$,说明不同性别的学生在阅读主动性上并无明显差异。综上,不同性别学生在阅读认知方面并不存在明显差异。

表32 不同性别学生在阅读认知上的差异性分析表

| | | 莱文方差等同性检验 | | 平均值等同性 $t$ 检验 |
|---|---|---|---|---|
| | | $F$ 值 | 显著性 | 显著性（双尾） |
| 3. 你喜欢阅读吗? | 假定等方差 | 0.370 | 0.543 | 0.230 |
| | 不假定等方差 | | | 0.230 |
| 4. 你每天阅读的平均时长是? | 假定等方差 | 0.004 | 0.949 | 0.758 |
| | 不假定等方差 | | | 0.758 |
| 6. 在语文学习中,你会进行延伸式阅读吗? | 假定等方差 | 7.344 | 0.007 | 0.114 |
| | 不假定等方差 | | | 0.114 |
| 8. 在语文学习中,你会进行延伸式阅读吗? | 假定等方差 | 0.053 | 0.817 | 0.176 |
| | 不假定等方差 | | | 0.176 |

二是学生阅读习惯。通过 SPSS 24.0 版本对不同性别的学生的阅读习惯做了差异性分析,该维度包括对不同性别学生阅读方式和阅读计划制定及完成情况分析。

由表33可见,方差显著值 $P=0.802>0.05$,方差并无明显差异,即方差齐性。T值的显著性 $P=0.000<0.05$,说明不同性别学生在阅读方式上有十分显著的差异。

表33　不同性别学生在阅读方式上的差异性分析表

|  | | 莱文方差等同性检验 | | 平均值等同性 $t$ 检验 |
|---|---|---|---|---|
|  | | $F$ 值 | 显著性 | 显著性（双尾） |
| 3. 你进行延伸式阅读时会使用哪种阅读方法？ | 假定等方差 | 0.063 | 0.802 | 0.000 |
|  | 不假定等方差 |  |  | 0.000 |

表34　性别/阅读方法交叉表

| | | 你进行延伸阅读时,会用哪种阅读方法？ | | | | 总计 |
|---|---|---|---|---|---|---|
| | | 摘录 | 勾画 | 读后感 | 只读,不动笔 | |
| 你的性别 | 男 | 86 | 59 | 35 | 205 | 385 |
| | 女 | 110 | 96 | 37 | 142 | 385 |
| 总计 | | 196 | 155 | 72 | 347 | 770 |

通过交叉表进一步分析不同性别的学生在阅读方法上的具体差异,可见有近 2/3 的男生采用"只读,不动笔"的阅读方式,而女生采用这一阅读方式明显减少,只有不到 1/2 的人数（见表34）。

由表35可知,延伸式阅读计划制订方面的显著性 $P=0.269>0.05$,说明不同性别的学生在阅读计划制订上并无明显差异;阅读计划完成度方面的显著性 $P=0.145>0.05$,说明不同性别的学生在阅读计划完成度上并无明显差异。

表35　不同性别学生在阅读计划制订及计划完成度上的差异分析表

| | | 莱文方差等同性检验 | | 平均值等同性 $t$ 检验 |
|---|---|---|---|---|
| | | $F$ 值 | 显著性 | 显著性（双尾） |
| 11. 你会制订延伸阅读计划吗？ | 假定等方差 | 0.611 | 0.435 | 0.269 |
| | 不假定等方差 | | | 0.269 |
| 12. 你能按时完成自己的阅读计划吗？ | 假定等方差 | 0.012 | 0.912 | 0.145 |
| | 不假定等方差 | | | 0.145 |

（2）学生对阅读教学和效果的反馈结果分析。该维度包括对阅读方法使用和交流情况、教师指导反馈情况以及阅读效果反馈进行分析。通过SPSS 24.0版本，对不同性别的学生的阅读习惯做了差异性分析，得到以下的数据。

通过对表36中数据的分析可知，不同性别的学生进行延伸式阅读时运用到教师所教授的方法方面的显著性 $P=0.263>0.05$，

表36　不同性别学生在阅读方法使用及阅读交流上的差异分析表

| | | 莱文方差等同性检验 | | 平均值等同性 $t$ 检验 |
|---|---|---|---|---|
| | | $F$ 值 | 显著性 | 显著性（双尾） |
| 15. 在进行阅读时，你会用到老师上课教的方法吗？ | 假定等方差 | 3.030 | 0.082 | 0.263 |
| | 不假定等方差 | | | 0.263 |
| 16. 你会经常和你的同学交流课外读书情况吗？ | 假定等方差 | 0.101 | 0.751 | 0.206 |
| | 不假定等方差 | | | 0.206 |

说明不同性别的学生在阅读时是否用到教师所教授的阅读方法上并无明显差异；学生延伸式阅读交流度方面的显著性 $P=0.206>0.05$，说明不同性别的学生在阅读交流度上并无明显差异。

通过对表 37 中数据的分析可知，不同性别的学生对教师阅读指导主动性反馈方面的显著性 $P=0.219>0.05$，说明不同性别的学生在教师阅读指导的主动性反馈上并无明显差异；不同性别的学生对教师阅读指导期望度方面的显著性 $P=0.217>0.05$，说明不同性别的学生对教师阅读指导期待度上并无明显差异。

表 37　不同性别学生在教师阅读指导反馈上的差异分析表

|  |  | 莱文方差等同性检验 |  | 平均值等同性 $t$ 检验 |
|---|---|---|---|---|
|  |  | $F$ 值 | 显著性 | 显著性（双尾） |
| 18. 语文老师会指导你们进行延伸式阅读吗？ | 假定等方差 | 0.022 | 0.883 | 0.219 |
|  | 不假定等方差 |  |  | 0.219 |
| 16. 你希望老师指导你的课外阅读吗？ | 假定等方差 | 0.217 | 0.642 | 0.577 |
|  | 不假定等方差 |  |  | 0.577 |

通过对表 38 中数据的分析可知，不同性别的学生对教师阅读效果检查主动性反馈方面的显著性 $P=0.974>0.05$，说明不同性别的学生在教师阅读效果检查的主动性反馈上并无明显差异；不同性别的学生阅读内容掌握度方面的显著性 $P=0.738>0.05$，说明不同性别的学生在阅读内容掌握度上并无明显差异；

不同性别的学生对自己阅读效果反馈方面的显著性 $P=0.784>0.05$，说明不同性别的学生对自己阅读效果的反馈上并不存在明显差异。

表38　不同性别学生在阅读效果反馈上的差异分析表

| | | 莱文方差等同性检验 | | 平均值等同性 $t$ 检验 |
|---|---|---|---|---|
| | | $F$ 值 | 显著性 | 显著性（双尾） |
| 21. 语文老师会及时检查你们延伸式阅读的效果吗？ | 假定等方差 | 0.704 | 0.402 | 0.974 |
| | 不假定等方差 | | | 0.974 |
| 22. 当读完一本书后，你能概括出它的主要内容吗？ | 假定等方差 | 1.264 | 0.261 | 0.738 |
| | 不假定等方差 | | | 0.738 |
| 23. 你觉得自己延伸阅读的效果如何？ | 假定等方差 | 1.589 | 0.208 | 0.784 |
| | 不假定等方差 | | | 0.784 |

（3）不同年级学生在延伸式阅读现状中的差异性分析。因学生的年级有三个分类即三年级、四年级和五年级，故在该方面的差异性分析应使用单因素方差分析，若差异性达到显著水平，则需进一步采用LSD事后检验进行两两比较。本部分主要从学生阅读认知、学生阅读习惯以及学生对学生对阅读教学和效果的反馈三方面分析不同年级学生的差异性，具体分析结果如下。

一是学生阅读认知。通过SPSS 24.0版本，对不同年级的学生的阅读认知做了差异性分析。该维度包括对不同年级学生在阅读兴趣、阅读时长、阅读重要性认知和阅读主动性上的差异分析。

阅读兴趣这一测量维度下设五级量表题 3 即"你喜欢阅读吗?",将学生年级作为自变量,测得三组方差齐性 $P=0.179$,不同组间的差异显著性见表 39。由表 39 可知,$P=0.011<0.05$,即不同年级的学生在阅读兴趣上有着显著的差异。

表 39　不同年级学生在阅读兴趣上的差异分析表

| 因变量 | 年级 | F 值 | 显著性 |
| --- | --- | --- | --- |
| 3. 你喜欢阅读吗? | 三年级 | 4.582 | 0.011 |
|  | 四年级 |  |  |
|  | 五年级 |  |  |

对三组学生在阅读兴趣上的平均得分进行两两分析,得到多重比较表(表 40)。由表 40 中数据可知,五年级学生在阅读兴趣上的得分与三年级、四年级学生有明显差异,五年级学生的阅读兴趣

表 40　不同年级学生在阅读兴趣上的差异多重比较表

|  | (I)您的年级 | (J)您的年级 | 标准误差 | 显著性 | 95%置信区间 | |
| --- | --- | --- | --- | --- | --- | --- |
|  |  |  |  |  | 下限 | 上限 |
| 邦弗伦尼 | 三年级 | 四年级 | 0.70 | 1.000 | −0.19 | 0.14 |
|  |  | 五年级 | 0.72 | 0.015 | −0.38 | −0.03 |
|  | 四年级 | 三年级 | 0.70 | 1.000 | −0.14 | 0.19 |
|  |  | 五年级 | 0.72 | 0.46 | −0.35 | 0.00 |
|  | 五年级 | 三年级 | 0.72 | 0.015 | 0.03 | 0.38 |
|  |  | 四年级 | 0.72 | 0.46 | 0.00 | 0.35 |

明显高于三、四年级学生,而三、四年级学生之间在阅读兴趣上并无明显差异。可见随着年级的增长,由于学生接触到的书本更多、兴趣与习惯培养时间更长,对自己的认知更加清晰等,其阅读兴趣也会有明显的提升。

阅读时长这一测量维度下设五级量表题 4 即"你每天阅读的平均时长是多少?",将学生年级作为自变量,测得三组方差齐性 $P=0.911$,不同组间的差异显著性见表 41。由表 41 可知,$P=0.000<0.05$,即不同年级的学生在阅读时长上有着十分显著的差异。

表 41　不同年级学生在阅读时长上的差异分析表

| 因变量 | 年级 | F 值 | 显著性 |
| --- | --- | --- | --- |
| 4. 你每天阅读的平均时长是多少? | 三年级<br>四年级<br>五年级 | 16.000 | 0.000 |

对三组学生在阅读时长上的平均得分进行两两分析,得到多重比较表(表 42)。由表 42 中数据可知,三组学生两两之间均存在显著差异,且随着年级的升高,学生的阅读时长得分越少。结合对学生、教师的访谈可以发现,学生随着年级的增长,由于课业压力逐渐增加,课余可支配的时间越来越少,造成阅读时长减少。同时,随着学生年龄的增长,多种兴趣被发掘出来,学生分配到阅读上的时间就更少了。因此学校要做好家校沟通,引导家长做好家庭辅导,适当减少学生课外学习压力。

S1：我们阅读时间不太够，因为大家回家都有家长布置的作业要完成。目前老师会在课后或者作业做完了的时间里让我们抽空来读。

T1：延伸式阅读推行的最大问题就是时间不够，课堂上几乎没有时间和学生进行太深入的延伸，因为这种东西一旦研究起来就是没有底的，课堂上最多只能是一个指导，更多的要靠学生回去之后进行阅读。

表42　不同年级学生在阅读时长上的差异多重分析表

|  | (I)您的年级 | (J)您的年级 | 标准误差 | 显著性 | 95%置信区间 | |
| --- | --- | --- | --- | --- | --- | --- |
|  |  |  |  |  | 下限 | 上限 |
| 邦弗伦尼 | 三年级 | 四年级 | 0.059 | 0.003 | 0.05 | 0.34 |
|  |  | 五年级 | 0.061 | 0.000 | 0.20 | 0.49 |
|  | 四年级 | 三年级 | 0.059 | 0.003 | −0.34 | −0.05 |
|  |  | 五年级 | 0.062 | 0.048 | 0.00 | 0.30 |
|  | 五年级 | 三年级 | 0.061 | 0.000 | −0.49 | −0.20 |
|  |  | 四年级 | 0.062 | 0.048 | −0.30 | 0.00 |

阅读重要性认知这一测量维度下设五级量表题6即"你认为延伸式阅读对语文学习重要吗？"，将学生年级作为自变量，测得三组方差齐性即 $P=0.078$，不同组间的差异显著性见表43。由表43可知，$P=0.526>0.05$，即不同年级的学生在阅读重要性认知上并不存在显著的差异。

表 43　不同年级学生在阅读重要性认知上的差异分析表

| 因变量 | 年级 | F 值 | 显著性 |
|---|---|---|---|
| 6. 你认为延伸式阅读对语文学习重要吗？ | 三年级<br>四年级<br>五年级 | 0.642 | 0.526 |

阅读重要性认知这一测量维度下设五级量表题 8 即"在语文学习中，你会进行延伸式阅读吗？"，将学生年级作为自变量，测得三组方差齐性 $P=0.207$，不同组间的差异显著性见表 44。由表 44 可知，$P=0.02<0.05$，即不同年级的学生在阅读主动性上存在十分显著的差异。

表 44　不同年级学生在阅读主动性上的差异分析表

| 因变量 | 年级 | F 值 | 显著性 |
|---|---|---|---|
| 8. 在语文学习中，你会进行延伸式阅读吗？ | 三年级<br>四年级<br>五年级 | 6.442 | 0.002 |

对三组学生在阅读主动性上的平均得分进行两两分析，得到多重比较表（表 45）。由表 45 中数据可知，三年级学生在阅读主动性上与四、五年级学生存在十分显著的差异，三年级学生在阅读主动性上的得分明显低于四、五年级。而四、五年级学生在阅读主动性上并无明显差异。结合对三年级语文教师的访谈可知，低年级学生由于年龄较小，理解能力、合作能力还有待提高，对教

师的延伸式阅读教学能力要求也更高,所以他们的阅读主动性会更低。

  T1:低年级的孩子年龄比较小,对老师的话的理解能力有限,不太好组织和管理,而且他们不太能进行学生间的合作,主要是以教师主导为主的,这对教师也是一个考验。

表 45 不同年级学生在阅读主动性上的差异多重分析表

| | (I)您的年级 | (J)您的年级 | 标准误差 | 显著性 | 95%置信区间 | |
|---|---|---|---|---|---|---|
| | | | | | 下限 | 上限 |
| 邦弗伦尼 | 三年级 | 四年级 | 0.078 | 0.021 | −0.40 | −0.02 |
| | | 五年级 | 0.080 | 0.002 | −0.46 | −0.08 |
| | 四年级 | 三年级 | 0.078 | 0.021 | 0.02 | 0.40 |
| | | 五年级 | 0.081 | 1.000 | −0.25 | 0.13 |
| | 五年级 | 三年级 | 0.080 | 0.002 | 0.08 | −0.46 |
| | | 四年级 | 0.081 | 1.000 | −0.13 | 0.25 |

  二是学生阅读习惯。通过 SPSS 24.0 版本,对不同年级的学生的阅读习惯做了差异性分析。该维度包括对不同年级学生的阅读方式和阅读计划制订及完成情况分析。

  阅读方式这一测量维度下设题 10 即"你进行延伸式阅读时,会用哪种阅读方法?",将学生年级作为自变量,测得三组方差齐性 $P=0.062$,不同组间的差异显著性见表 46。由表 46 可知,$P=0.012<0.05$,即不同年级的学生在阅读方式上存在十分显著的差异。

表 46 不同年级学生在阅读方式上的差异分析表

| 因变量 | 年级 | F值 | 显著性 |
|---|---|---|---|
| 10.你进行延伸式阅读时,会用哪种阅读方法? | 三年级<br>四年级<br>五年级 | 4.435 | 0.012 |

对三组学生在阅读方式上的平均得分进行两两分析,得到多重比较表(表47)。由表47中数据可知,三年级学生与五年级学生在阅读方式上存在显著差异,三年级学生的阅读方式多选"只读,不动笔",而五年级学生的阅读方式选择"只读,不动笔"的比例明显小。其他组间无明显差异。可见随着学生年级的升高,他们阅读方法与习惯也在逐渐完善。

表 47 不同年级学生在阅读方式上的差异多重分析表

| | (I)您的年级 | (J)您的年级 | 标准误差 | 显著性 | 95%置信区间 下限 | 95%置信区间 上限 |
|---|---|---|---|---|---|---|
| 邦弗伦尼 | 三年级 | 四年级 | 0.109 | 0.058 | −0.01 | 0.52 |
| | | 五年级 | 0.112 | 0.019 | 0.04 | 0.58 |
| | 四年级 | 三年级 | 0.109 | 0.058 | −0.58 | 0.01 |
| | | 五年级 | 0.113 | 1.000 | −0.22 | 0.32 |
| | 五年级 | 三年级 | 0.112 | 0.019 | −0.58 | −0.04 |
| | | 四年级 | 0.113 | 1.000 | −0.32 | 0.22 |

阅读计划制订这一测量维度下设量表题11即"你会制订延

伸式阅读计划吗?",将学生年级作为自变量,测得三组方差齐性 $P=0.263$,不同组间的差异显著性见表 48。由表可知,$P=0.000<0.05$,即不同年级的学生在阅读计划制定上存在十分显著的差异。

表 48　不同年级学生在阅读计划制定及计划完成度上的差异分析表

| 因变量 | 年级 | F 值 | 显著性 |
| --- | --- | --- | --- |
| 11. 你会制订延伸式阅读计划吗? | 三年级 | 8.215 | 0.000 |
| 12. 你能按时完成自己的阅读计划吗? | 四年级 | 10.556 | 0.000 |
|  | 五年级 |  |  |

阅读计划完成度上这一测量维度下设量表题 12 即"你能按时完成自己的阅读计划吗?",将学生年级作为自变量,测得三组方差齐性 $P=0.060$,不同组间的差异显著性见表 48。由表 48 可知,$P=0.000<0.05$,即不同年级的学生在阅读计划完成度上亦存在十分显著的差异。

对三组学生在阅读计划制订及计划完成度上的平均得分进行两两分析,得到多重比较表(表 49)。由表 49 中数据可知,三年级与五年级学生在阅读计划制订上有显著差异,五年级学生制订阅读计划的主动性明显高于三年级学生。其余组间在阅读计划制定主动性上并无明显差异。三年级学生与四、五年级学生在阅读计划完成度上存在显著差异,三年级学生计划完成度明显低于四、五年级学生。其余组间在计划完成度上并无明显差异。

表49 不同年级学生在阅读计划制订及计划完成度上的差异多重分析表

| 因变量 | | (I)您的年级 | (J)您的年级 | 标准误差 | 显著性 | 95%置信区间 | |
|---|---|---|---|---|---|---|---|
| | | | | | | 下限 | 上限 |
| 10.你进行延伸阅读时,会用哪种阅读方法? | 邦弗伦尼 | 三年级 | 四年级 | 0.109 | 0.058 | −0.01 | 0.52 |
| | | | 五年级 | 0.112 | 0.019 | 0.04 | 0.58 |
| | | 四年级 | 三年级 | 0.109 | 0.058 | −0.52 | 0.01 |
| | | | 五年级 | 0.113 | 1.000 | −0.22 | 0.32 |
| | | 五年级 | 三年级 | 0.112 | 0.019 | −0.58 | −0.04 |
| | | | 四年级 | 0.113 | 1.000 | −0.32 | 0.22 |
| 11.你会制订延伸式阅读计划吗? | 邦弗伦尼 | 三年级 | 四年级 | 0.106 | 0.017 | −0.55 | −0.04 |
| | | | 五年级 | 0.109 | 0.000 | −0.69 | −0.17 |
| | | 四年级 | 三年级 | 0.106 | 0.017 | 0.04 | 0.55 |
| | | | 五年级 | 0.110 | 0.653 | −0.40 | 0.13 |
| | | 五年级 | 三年级 | 0.109 | 0.000 | 0.17 | 0.69 |
| | | | 四年级 | 0.110 | 0.653 | −0.13 | 0.40 |

三是学生对阅读教学和效果的反馈。该维度对阅读方法使用反馈、教师阅读指导情况反馈以及阅读效果反馈进行分析。通过 SPSS 24.0 版本,对不同性别的学生的阅读习惯做了差异性分析。

阅读方法使用反馈这一测量维度下设量表题 15 即"语文老师会指导你们进行延伸式阅读吗?",将学生年级作为自变量,测得三组方差齐性 $P=0.468$,不同组间的差异显著性见表 50。由表 50 可知,$P=0.003<0.05$,即不同年级的学生在阅读方法使用上存在十分显著的差异。

表50 不同年级学生在阅读方法使用反馈上的差异分析表

| 因变量 | 年级 | F值 | 显著性 |
|---|---|---|---|
| 15. 在进行阅读时,你会用到老师上课教的方法吗? | 三年级<br>四年级<br>五年级 | 5.854 | 0.003 |

对三组学生在阅读方法使用情况反馈上的平均得分进行两两分析,得到多重比较表(表51)。由表51中数据可知,三年级与五年级学生在阅读方法使用反馈上有显著差异,五年级学生阅读方法的使用情况明显好于三年级学生。其余组间在阅读方法使用上并无明显差异。

表51 不同年级学生在阅读方法使用情况反馈上的差异多重分析表

| | (I)您的年级 | (J)您的年级 | 标准误差 | 显著性 | 95%置信区间 | |
|---|---|---|---|---|---|---|
| | | | | | 下限 | 上限 |
| 邦弗伦尼 | 三年级 | 四年级 | 0.083 | 0.212 | −0.35 | 0.05 |
| | | 五年级 | 0.085 | 0.002 | −0.50 | −0.09 |
| | 四年级 | 三年级 | 0.083 | 0.212 | −0.05 | 0.35 |
| | | 五年级 | 0.086 | 0.298 | −0.35 | 0.06 |
| | 五年级 | 三年级 | 0.085 | 0.002 | 0.09 | 0.50 |
| | | 四年级 | 0.086 | 0.298 | −0.06 | 0.35 |

教师阅读指导情况反馈这一测量维度下设量表题18即"语文老师会指导你们进行延伸式阅读吗?"和题21"语文老师会及时检查你们延伸式阅读的效果吗?",将学生年级作为自变量,对

于两个应变量,三组方差齐性 $P=0.266, P=0.621$。不同组间的差异显著性见表 52。由表 52 可知,$P$ 值均大于 0.05,即不同年级的学生在教师阅读指导情况反馈上并不存在十分显著的差异。

**表 52　不同年级学生在教师阅读指导情况反馈上的差异分析表**

| 因变量 | 年级 | $F$ 值 | 显著性 |
| --- | --- | --- | --- |
| 18. 语文老师会指导你们进行延伸式阅读吗? | 三年级 | 3.309 | 0.073 |
| 21. 语文老师会及时检查你们延伸式阅读的效果吗? | 四年级<br>五年级 | 1.916 | 0.148 |

阅读效果反馈这一测量维度下设量表题 22 即"当读完一本书后,你能概括出它的主要内容吗?"和题 23"你觉得自己延伸式阅读的效果如何?",将学生年级作为自变量,对于两个应变量,三组方差齐性 $P=0.210, P=0.072$。不同组间的差异显著性见表 53。由表 53 可知,显著性 $P$ 值均小于 0.05,即不同年级的学生在阅读效果反馈上存在十分显著的差异。

**表 53　不同年级学生在阅读效果反馈上的差异分析表**

| 因变量 | 年级 | $F$ 值 | 显著性 |
| --- | --- | --- | --- |
| 22. 当读完一本书后,你能概括出它的主要内容吗? | 三年级 | 3.420 | .033 |
| 23. 你觉得自己延伸式阅读的效果如何? | 四年级<br>五年级 | 4.768 | .009 |

对三组学生在阅读效果反馈上的平均得分进行两两分析,得到多重比较表(表54)。由表54中数据可知,对于应变量"能否概括出书本内容",三年级学生与五年级学生之间存在明显差异,五年级学生反馈的概括书本内容的情况明显好于三年级学生。其余组间并无明显差异。对于因变量"你觉得你的延伸式阅读效果如何?",三年级学生与四、五年级学生存在明显差异,四、五年级学生反馈的"延伸式阅读效果"明显好于三年级学生,而四、五年级学生之间并无明显差异。

表54 不同年级学生在阅读效果反馈上的差异多重分析表

| 因变量 | | (I) 您的年级 | (J) 您的年级 | 标准误差 | 显著性 | 95%置信区间 | |
|---|---|---|---|---|---|---|---|
| | | | | | | 下限 | 上限 |
| 22.当读完一本书后,你能概括出它的主要内容吗? | 邦弗伦尼 | 三年级 | 四年级 | 0.046 | 0.569 | −0.05 | 0.17 |
| | | | 五年级 | 0.048 | 0.027 | 0.01 | 0.24 |
| | | 四年级 | 三年级 | 0.046 | 0.569 | −0.17 | 0.05 |
| | | | 五年级 | 0.048 | 0.549 | −0.05 | 0.18 |
| | | 五年级 | 三年级 | 0.048 | 0.027 | −0.24 | −0.01 |
| | | | 四年级 | 0.048 | 0.549 | −0.18 | 0.05 |
| 23.你觉得自己的延伸式阅读效果如何? | 邦弗伦尼 | 三年级 | 四年级 | 0.045 | 0.057 | 0.00 | 0.22 |
| | | | 五年级 | 0.047 | 0.012 | 0.02 | 0.25 |
| | | 四年级 | 三年级 | 0.045 | 0.057 | −0.22 | 0.00 |
| | | | 五年级 | 0.047 | 1.000 | −0.08 | 0.14 |
| | | 五年级 | 三年级 | 0.047 | 0.012 | −0.25 | −0.02 |
| | | | 四年级 | 0.047 | 1.000 | −0.14 | 0.08 |

(三)课堂观察结果分析

通过对上海市浦东新区明珠森兰小学5位语文教师的课堂教

学观察,尝试从课堂教学过程中了解延伸式阅读教学中学生的表现情况和教师的教学情况并得出结论,从而探究合理化的改进对策。为了从课堂教学过程中了解学生的表现情况和语文教师的教学情况,自编了相应的课堂观察量表,并以此为观察点,观察和分析这5位语文教师的延伸式阅读课堂教学表现情况。

1. 观察对象的基本信息

本研究共选取上海市浦东新区明珠森兰小学的5个班级进行观察。通过对这5位教师的阅读课堂教学观察(基本信息见表55),尝试从课堂教学过程中了解学生的表现情况和教师的教学情况,并且编制了相应的课堂观察量表,以此为观察点,观察和分析这5名语文教师的阅读课堂教学表现情况。

表55 教师基本信息表

| 编 号 | 教 龄 | 任教阶段 | 学 历 |
| --- | --- | --- | --- |
| T1 | 9 年 | 二年级 | 本科 |
| T2 | 6 年 | 三年级 | 本科 |
| T3 | 10 年 | 四年级 | 本科 |
| T4 | 10 年 | 四年级 | 本科 |
| T5 | 5 年 | 五年级 | 本科 |

2. 课堂观察表的信度与效度分析

(1) 信度分析。对于本研究中使用的延伸式阅读教学课堂观察表而言,信度分析可以反映该量表的合理性与有效性。经检验,整体量表的克朗巴哈 $\alpha$ 系数为 $0.761$,$\alpha$ 系数大于 $0.7$,因此总体来看该量表的信度指标是较好的,可用于观察研究。

表 56　观察表信度分析

| Cronbach's α | 基于标准化的 Cronbach's α | 项　数 |
| --- | --- | --- |
| 0.761 | 0.757 | 12 |

（2）效度分析。本研究通过对"延伸式阅读"这一主题的相关研究进行梳理，确定测量维度并编制了延伸式阅读教学课堂观察表。此外，本研究通过 KMO 和巴特利特球度检验进行验证。由于 KMO 统计量的取值在[0，1]之间，数值越接近于 1，意味着变量之间的相关性越强；巴特利特球度检验以原有变量的相关系数为出发点，检验变量之前是否存在显著性差异。据表 57 可知，KMO 数值为 0.666，可以认为变量适合做因子分析；同时显著性概率 $P$ 值为 0.030（小于 0.05），达到显著性水平。由此，本次研究中使用的延伸式阅读教学课堂观察表具有较高效度，可用于观察研究。

表 57　观察表效度检验表

| KMO 和巴特利特检验 | | |
| --- | --- | --- |
| KMO 取样适切性量数 | | 0.666 |
| 巴特利特球形度检验 | 近似卡方 | 7.131 |
| | 自由度 | 3.00 |
| | 显著性 | 0.030 |

3. 延伸式阅读教学现状的描述性分析

本部分主要是以二至五年级随机抽取的 5 个班级作为观察对象，进行延伸式阅读教学现状的描述性分析，包括延伸式阅读教学观察情况分析、延伸式阅读教学设计情况分析、延伸式阅读教学实施情况分析、延伸式阅读教学效果情况分析。

（1）延伸式阅读教学观察情况分析。本研究使用的课堂观察表可以分为：教学设计、教学实施、教学效果三个分量表。其中1—3题为延伸式阅读教学设计分量表；4—9题是延伸式阅读教学实施分量表；10—12题是延伸式阅读教学效果分量表。量表采用Likert五点式量表进行填答，量表的选项1—5分别代表"完全不符合""不符合""一般""符合""完全符合"，分别记1分、2分、3分、4分、5分。本部分将从整体视角对延伸式阅读教学总量表及教学设计、教学实施以及教学效果三个分量表进行描述性统计（见表58）。

表58  观察对象延伸式阅读教学情况统计

| | 最小值 | 最大值 | 均值 | 标准偏差 | 峰度 | 偏度 |
|---|---|---|---|---|---|---|
| 总量表 | 3 | 5 | 4.23 | 0.698 | −0.876 | −0.355 |
| 教学设计 | 3 | 5 | 4.40 | 0.737 | −0.470 | −0.841 |
| 教学实施 | 3 | 5 | 4.27 | 0.691 | −0.770 | −0.409 |
| 教学效果 | 3 | 5 | 4.00 | 0.655 | −0.179 | −0.580 |

整体来看，5个班级的延伸式阅读教学情况的均值为4.23，峰度为−0.876，偏度为−0.355。这表明该组数据分布情况接近正态分布，说明5个班级开展的延伸式阅读教学情况较好。

具体来看，5个班级的延伸式阅读教学设计的均值为4.40，峰度为−0.470，偏度为−0.841。这表明该组数据分布情况接近正态分布，5个班级的延伸式阅读教学设计较好。5个班级的延伸式阅读教学实施情况均值为4.27，峰度为−0.770，偏度为−0.409。

这说明5个班级延伸式阅读教学实施情况较好。5个班级的延伸式阅读教学实效果均值为4.00,峰度为-0.179,偏度为-0.580。这说明5个班级在开展延伸式阅读教学上取得了较好的教学效果。

(2) 延伸式阅读教学设计情况分析。该部分从教学设计视角对延伸式阅读教学设计情况进行描述性统计。表59汇总的即为5个班级教师开展延伸式阅读教学设计的具体情况,从表中数据可知,教学设计维度下,延伸式阅读教学设计情况的均值都在4分以上,说明5个班级开展的延伸式阅读教学设计情况总体较好。

**表59　观察对象延伸式阅读教学设计情况统计**

|  | 最小值 | 最大值 | 均值 | 标准偏差 |
| --- | --- | --- | --- | --- |
| 目标符合课标要求,注重提升学生的字词把握、阅读鉴赏的能力 | 3 | 5 | 4.2 | 0.837 |
| 阅读文本的选择与确定的主题相关联、符合学生阅读水平 | 4 | 5 | 4.8 | 0.447 |
| 教学方法恰当高效,设计问题符合学生的认知规律 | 3 | 5 | 4.2 | 0.837 |

首先,在教学目标的确定上,5位教师对教学目标的设置都是根据单元目标的指向以及单元主题而确定的,符合新课标的要求,注重提升学生对字词把握以及阅读鉴赏的能力,均值为4.2,标准差为0.837,表明差异较小。这一点从访谈结果中也得到了证实,多数受访教师表示延伸式阅读教学目标的设立要从教材出发,基于单元特点并结合课文内容进行确定。

其次,在阅读教学内容的选择上,5位教师对教学内容的选择和阅读主题的确定都是依据统编版教材。比如,四年级老师依据四年级下册第二单元的课文内容确立了科普类读物的延伸阅读议题。在阅读文本的选择与确定的主题相关性上,均值为4.8,标准差为0.447,表明延伸式阅读教学的文本选择与确定的主题相关性较好,较为符合学生阅读水平。在访谈中,受访教师也表示自己会根据课内文本的特点,比如课内学了寓言,那么延伸式教学就会教学寓言的特点和阅读方法,以体裁和作者相关的文学作品为依据来选择议题和文本。

关于延伸式阅读教学的教学方法与问题设计,均值为4.2,标准差为0.837,说明教师开展的延伸式阅读教学方法较为恰当,问题设计较为符合学生的认知规律。在实际教学过程中,5位教师都是以教材为主线,拓展相关教材。对于低年级的学生来说,教师更加注意培养学生阅读的情感、速度、积累生字词的能力等,对于中高年级来说,教师更关注在教学中教授给学生阅读的技巧与方法去学习拓展延伸的文章。

(3)延伸式阅读教学实施情况分析。该部分从教学实施视角对延伸式阅读教学情况进行描述性统计。表60为5个班级延伸式阅读教学的实施情况,从表中数据可知,各项目得分均值处于3.6—4.6之间,均值间差异较大。具体来看,"教师对延伸式阅读教学的内容和时间做到合理的分配"的均值为3.6,最小值为3,得分略低,这说明教师在开展延伸式阅读教学过程中对于教学内容和时间的分配还存在问题。以下是四年级科普类读物延伸阅读教学的一个片段。

教师PPT展示推荐书目《看看我的地球》的封面。

师:同学们,通过书的封面你获得哪些信息?

生1:有一幅火山爆发的图,我猜测里面有关于火山的内容。

生2:可以了解到作者和出版社。

师：同学们说得都很棒。我们在拿到一本书的时候，首先要关注书籍的封面信息。那么跟老师来了解一下作者和这本书的大概内容吧。那么有没有同学之前读过这本书呢？给你留下印象最深刻的部分是什么呢？

生：就是火山那部分吧！（几乎没有学生分享）

师：老师这里有这本书的一个选段，大家试着读一读，并用自己的话概括。

（学生读片段。选段语言较难理解，给的时间较少，几乎没有学生能完整正确得总结出内容。）

师：对于这本书的推荐就到这里，希望同学们课后能进行阅读。

**表60　观察对象延伸式阅读教学实施情况统计**

| | 最小值 | 最大值 | 均值 | 标准偏差 |
|---|---|---|---|---|
| 教师对延伸式阅读教学的内容和时间做到合理的分配 | 3 | 4 | 3.6 | 0.548 |
| 教师对学生的引导、评价具有鼓励性，师生交流融洽 | 4 | 5 | 4.6 | 0.548 |
| 学生积极参与课堂互动或教师问答，能够发挥主观能动性 | 4 | 5 | 4.6 | 0.548 |
| 在教师的引导下，学生能够结合已有经验积极思考并回答问题 | 4 | 5 | 4.6 | 0.548 |
| 学生能够始终保持一定的注意力 | 3 | 3 | 4.0 | 0.707 |
| 学生能与他人的表达产生联系，有良好的合作氛围 | 3 | 5 | 4.4 | 0.837 |

在实际的课堂观察中,教师根据本单元科普读物的特点,推荐书目《看看我的地球》。从对话可以了解到学生们对这本书的内容是陌生的,再加上科普类读物语言比较难理解,所以教师应该给予学生足够的时间去理解所给出的片段,让学生能在理解的基础上总结出故事的大概。由此可以看出,教师在开展延伸式阅读教学过程中存在时间分配不合理的情况。

关于教师在延伸式阅读教学过程中对学生的引导和评价、学生的课堂参与度以及思考和回答问题的积极度三个方面的得分都较高,均值为4.6。这说明教师在实施延伸式阅读教学时能对学生进行鼓励性的引导和评价,学生能够积极参与延伸式阅读学习并积极思考和回答问题。但在实际的课堂观察中也发现了一些问题,学生虽然能够积极参与延伸式阅读教学,而且在小组交流讨论中能积极思考并交流问题,但举手发言的积极性不高,总是集中于那几个学生。

关于"学生能够始终保持一定的注意力""学生能与他人的表达产生联系,有良好的合作氛围"的均值分别为4.0和4.4,最小值都为3,说明大部分学生能够做到注意力集中,能与同学展开良好的合作学习。但在实际课堂观察中,发现二、三年级存在少数学生注意力分散、情绪不高的情况。高年级的学生的有意注意逐步开始占据主导地位,注意的集中性和稳定性、注意的广度、注意的分配和转移等方面都较低年级学生有不同程度的发展,因此,在四、五年级并没有发现此类情况。此外,在小组交流合作中,有个别学生落单的情况,通过交流发现,一名学生是因为对拓展的文本过于熟悉,认为自己不需要交流;一名学生是因为不知道拓展的文本在讲什么,不知道该如何交流。关于小组合作的意义还需要教师的进一步引导,强调学生的合作与交流。

(4)延伸式阅读教学效果情况分析。该部分从教学效果视角对延伸式阅读教学情况进行描述性统计。表61为5个班级延伸式阅读教学的实施情况,从表中数据可知,关于"学生能够达成教学目标""学生在延伸式阅读教学下对知识和技能的获得有满足感"两项的最小值均为3,均值都为3.8,处于中等水平。"学生能够完成当堂课的阅读任务"这一项的均值为4.4,最小值为3。这说明延伸式阅读教学的教学效果较好,但也存在少数学生跟不上教学节奏、对阅读学习兴致不高、达不到教学目标的情况。

**表61 观察对象延伸式阅读教学效果情况统计**

|  | 最小值 | 最大值 | 均值 | 标准偏差 |
| --- | --- | --- | --- | --- |
| 学生能够达成教学目标 | 3 | 4 | 3.8 | 0.447 |
| 学生能够完成当堂课的阅读任务 | 3 | 5 | 4.4 | 0.894 |
| 学生在延伸式阅读教学下对知识和技能的获得有满足感 | 3 | 4 | 3.8 | 0.447 |

在实际的教学中,由于学生的阅读水平和能力的差异性,教师并不能确保所有学生都适应延伸式阅读教学。低年级学生由于受到识字量的限制,阅读量也比较少,理解文本比较困难。对于本身不喜欢阅读、基础弱的学生来说,延伸式阅读教学对他们而言就只是完成任务,并没有真正引起他们的兴趣,也没有因为通过这种模式爱上了阅读。在访谈中,受访教师也谈到了这一点,他们认为学生的根基不一样,没办法顾及所有的学生,包括每一次展演,每个班大概都是那些学习成绩优秀的学生参与感很强,而那些基础薄

弱缺乏信心的学生,永远是站在后面当观众的。

4.延伸式阅读教学现状的差异性分析

该部分主要是以二至五年级随机抽取的 5 个班级作为观察对象,进行延伸式阅读教学现状的差异性分析,包括不同学段的师生进行延伸式阅读教学的差异分析、不同教龄的老师开展延伸式阅读教学情况的差异分析。

(1)观察对象延伸式阅读教学情况的学段差异分析。单因素方差是用来研究自变量不同水平能否对因变量产生显著影响的检验方法,通过单因素方差分析得到了不同年级开展延伸式阅读教学的情况差异分析表(表62)。从数据可以看出,在教学设计维度下,$F$ 统计量为 1.533,显著性 $P$ 值为 0.522(大于 0.05),说明不同年级延伸式阅读教学的教学设计情况并不存在显著差异。在教学实施维度下,$F$ 统计量为 0.200,显著性 $P$ 值为 0.889(大于 0.05),说明不同年级延伸式阅读教学的教学实施情况并不存在显著差异。在教学效果维度下,$F$ 统计量为 0.133,显著性 $P$ 值为 0.929(大于 0.05),说明不同年级延伸式阅读教学的教学效果并不存在显著差异。

表 62　不同年级开展延伸式阅读教学的情况差异分析表

|  | 年级 | $F$ 值 | 显著性 |
| --- | --- | --- | --- |
| 教学设计 | 二年级 | 1.533 | 0.522 |
|  | 三年级 |  |  |
|  | 四年级 |  |  |
|  | 五年级 |  |  |

续 表

| | 年级 | $F$ 值 | 显著性 |
|---|---|---|---|
| 教学实施 | 二年级 | 0.200 | 0.889 |
| | 三年级 | | |
| | 四年级 | | |
| | 五年级 | | |
| 教学效果 | 二年级 | 0.133 | 0.929 |
| | 三年级 | | |
| | 四年级 | | |
| | 五年级 | | |

(2) 观察对象延伸式阅读教学情况的教龄差异分析。该部分使用单因素方差分析对教师开展延伸式阅读教学的教龄差异进行差异性分析。该分析对观察对象的教龄进行赋值：1—5 年、6—10 年，分别赋值为 1、2 进行方差分析，以探究不同教龄的老师对于延伸式阅读教学的开展是否具有显著差异。

通过单因素方差分析得到了不同教龄教师对于延伸式阅读教学情况的差异分析表（见表 63）。从数据可以看出，在教学设计维度下，$F$ 统计量为 2.808，显著性 $P$ 值为 0.118（大于 0.05），说明不同教龄的教师对于延伸式阅读教学的教学设计并不存在显著差异。在教学实施维度下，$F$ 统计量为 2.653，显著性 $P$ 值为 0.115（大于 0.05），说明不同教龄的教师关于延伸式阅读教学的教学实施并不存在显著差异。在教学效果维度下，$F$ 统计量为 0.970，显著性 $P$ 值为 0.343（大于 0.05），说明不同教龄的教师在延伸式阅读教学的教学效果上并不存在显著差异。

表 63　不同教龄教师开展延伸式阅读教学的情况差异分析表

| | 教　龄 | F 值 | 显著性 |
|---|---|---|---|
| 教学设计 | 1—5 年 | 2.808 | 0.118 |
| | 6—10 年 | | |
| 教学实施 | 1—5 年 | 2.653 | 0.115 |
| | 6—10 年 | | |
| 教学效果 | 1—5 年 | 0.970 | 0.343 |
| | 6—10 年 | | |

# 第四章 延伸式阅读教学现存问题及原因分析

通过对上海市浦东新区明珠森兰小学师生调查问卷以及访谈的数据分析,可以反映出当前该校在开展延伸式阅读教学中存在的问题。这些问题包括学校方面的问题,也包括教师、学生方面的问题。针对延伸式阅读教学现存的问题,从调查、访谈及教学观察中探索寻找原因并作出进一步的分析,期望能够帮助该校语文教师理清教学问题、明确教学目标、提高延伸式阅读教学的质量和效果。

## 一、现存问题

### (一) 学校专题培训与条件保障有待完善

**1. 培训教研活动少,教师参与程度不一**

延伸式阅读教学理念作为一种较新的阅读教学思想尚未得到专家学者们较为完整系统的理论阐述,一线教师正处于摸索前进的实践状态中,因此面临着较大的应用困难。虽然学校正积极提倡延伸式阅读的教学模式,看到了阅读在促进学生身心发展方面的重要作用,但在落地推进的过程中依旧存在问题。具体表现为两大方面：

其一，学校关于延伸式阅读教学主题的教研活动开展次数较少。学校会定期开展语文专题教研活动，但以延伸式阅读教学为主题的次数占比并不大，同时，已有的相关研讨活动主要围绕教材中"快乐读书吧"的内容展开，未能高于单一的课本内容，研讨的深度和广度不够，在学校内部未形成统一且具有本校特色的教学资源。

其二，教师群体对当前已开展的专题培训和集体教研活动的参与程度不一致，参与频率存在较大差异。根据"学校组织相关培训和教研活动频率"的答题情况可发现，选择"定期组织"的占比为一半，选择"经常组织"的占1/3，还存在少部分选择"从未组织过"。这不仅反映出延伸式阅读教学还未成为日常教学方式的重要组成部分，也反映出教师群体对该教学模式的应用程度不一。在访谈中，教师T5也表示："目前我并没有参与过学校延伸式阅读教学专业化的培训活动，但由学校的老师开展的教研会会涉及相关内容，每两周一次。"这进一步说明学校当前以延伸式阅读教学为主题开展的教研培训活动尚未成体系，现有的培训教研活动在促进教师开展延伸式阅读教学的有力路径方面还存在很大改善空间。

2. 尚未做好教学时间和文本资源的保障工作

学校提倡延伸式阅读教学的方式，但在落地实施中并未真正从教师和学生的角度出发考虑实施条件。延伸式阅读教学需要教师投入大量的时间和精力，但实际上作为延伸式阅读教学实施主体的语文教师不仅肩负着较重的教学任务，有的还担任班主任，承担着学生日常生活事务的管理工作以及学校的其他工作。随着双减政策的不断推进，课后延时服务活动的开展也成为教师日常工作的一部分。因此,囿于时间的缺乏和精力的不足,延伸式阅读教学极易转变为教师教学的任务和压力,不仅会降低延伸式阅读教学的效果,也会增加教师的职业倦怠。在访谈中,教师 T2 表示,在减负的大背景下,家长对孩子的阅读陪伴以及教师的精力有限,延伸式阅读教学实施起来感到束手束脚。教师 T5 也表示,对于教师而言,开展延伸式阅读教学最大的阻碍是缺少时间和精力,难以做好教学准备和实施工作。由此可见,为具有语文知识传授者和班主任双重角色的教师做好宽裕的时间保障,助其做好教学和班级管理工作之间的平衡是学校亟须解决的问题之一。

此外,据调查结果显示,当前学校尚未做好教师教学和学生学习资源的保障。通过问卷和访谈发现,当前延伸式阅读教学所使用的文本资源主要基于"快乐读书吧"这一板块的链接,这说明教师在教学时可参考的推荐书目在数量和类型上均有待提升,同样教师也多基于该板块的内容为学生推荐书目,导致学生可选的阅读内容受限,在阅读的广度上有待提升。在课堂观察中发现,当教师揭示延伸式阅读教学的主题让学生独立阅读文本时,近1/3的学生并没有相应的文本资料,只能和同桌共读。虽然生生共读在一定程度上能够激发新的思想火花,促进学生的交流,改善阅读效果,但小学生的年龄较小,自控能力较差,在进行共读时若教师未能及时做好纪律管理便会导致学生的阅读流于形式,演变成随意交流的"茶话会"。此外,在延伸式阅读教学时,学生自主阅读的时间是有限的,而较少的阅读文本难以满足不同学生的多样化阅读需求,使得一些学生在有限的时间内未能读到自己喜欢的文章内容,反之,在有限的时间内多个学生共用同一个文本阅读自己喜爱的内容便会极大缩减个人的阅读时间,进而导致阅读流于形式,阅读质量低下。

总之,教学时间和文本资源的保障是有效开展延伸式阅读教学的前提,当前学校在教师教学时间、教学资源以及学生学习资源的保障上存在极大的提升空间。

(二) 教师阅读专业水平有待提升

1. 概念认知存在偏差,教学活动功利化

延伸式阅读以课内文本为依托,把课内文本作为教学的出发点,延伸到相关作品的阅读中去。延伸式阅读教学需要教师的指导和参与,其根本目的是服务于课内阅读与课内教学,实现课内外教学的融合。结合访谈和调查结果发现,当前教师对延伸式阅读这一概念是比较了解的,绝大多数教师能够抓住延伸式阅读教学是基于课内文本开展的这一特点,但关于延伸式阅读教学和一般阅读教学、课外阅读教学之间的联系与区别却存在疑惑。访谈中教师T3也表示:当前在小学阶段开展延伸式阅读教学存在的一个问题就是教师对"延伸式阅读教学"的理念并不明确也不深入,如果教师都理解不透彻,更别谈能够深入开展延伸式阅读教学了,其效果必定大打折扣。鉴于概念认知存在混淆,教师在开展延伸式阅读教学时容易出现两种错误倾向:其一,将延伸式阅读教学等同于学生的自主阅读学习和课外阅读学习,过于突出学生的主体地位,缺少教师的主导和引领;其二,将延伸式阅读教学开展等同于以教师讲解为主的一般阅读教学,整个教学活动呈现教师讲解主导的特点,在这种模式下,虽然此时的阅读教学与一般的阅读教学在文本依托上存在差异,拓展并丰富了教学内容,但其实质并不符合延伸式阅读教学理念。总之,教师对延伸式阅读教学的理解需进一步深化。

此外,有效的延伸式阅读教学需要教师花费较多的时间和精力做充足的准备,然而延伸式阅读教学的实施主体却肩负着繁杂的教务教学工作,缺乏充足的时间和精力。面对这种矛盾,部分教师担心投入大量的时间和精力却难以保证学生的学习成绩,在短时间内实现不了教学目标,进而会以耽误课内教学为由,更倾向选用传统的阅读教学方式,较少采用延伸式阅读教学,导致教学活动呈现功利化的特点。

2. 研讨意识薄弱,互动探究的合作式学习少

调查结果显示,教师在进行延伸式阅读的教学设计和文本选择时,通常以课程标准、教师参考用书为理论指导,在此基础上结合自身的阅读经验和参考优秀的教学案例展开内容设计,这种个人自主学习的方式当然有助于教师进行文本理解和选择,但与之相比,和其他教师互动探究的合作式学习的次数明显较少。同时,教师职称在延伸式阅读教学开展频率上的差异性结果,即具有二级职称的教师与暂无职称的教师在开展频率上存在显著差异,也能够说明教师群体之间缺乏互动探究式的合作学习。教师群体间的合作交流是教师进行校本研究、促进个体专业化成长、提升教学质量的重要途径。缺少合作式的探究学习在一定程度上减少了教师暴露自身在延伸式阅读教学中存在的问题和发现同伴在教学中存在不足的机会,阻碍了教师个体教学经验和想法的流通,难以实现延伸式阅读教学在本校的成长和发展。教师间的研讨交流不仅有助于激发教师个人的阅读思维,也能够扩展阅读资料,丰富教学资源。因此,教师需在个人独立学习和与同伴研讨学习之间寻找平衡点。

3. 自身阅读素养不高，文本解读能力薄弱

文本解读是教师与文本之间的双向对话。在文本解读的过程中，教师要深入剖析文章的内涵，思考选文的意图，挖掘文本与学生的契合点并传递给学生。因此教师的文本解读能力会影响阅读教学的效果。但调研结果显示，当前很多教师在文本解读方面存在不足。

其一，教师自我解读文本的意识薄弱。不管是进行延伸式阅读文本的选择还是进行阅读教学的设计，大多数教师首选教辅资料作为参考，在备课的过程中很多教师独立阅读文本后便立刻搜集相关的课例、实录进行剖析，缺少独立钻研解读文本的意识。

其二，文本解读过程短浅，质量不佳。在解读文本时通常以教师的角色直接进入，结合辅助资料寻找适合教学的内容以及思考如何进行教学，遇到难点时往往因害怕耗时便放弃研读，缺少读者的角色，导致个人见解和分析深度不够。

其三，教师的文本解读能力薄弱。小学语文教师的文本解读能力由把握文体与主旨的能力、感受文章内在逻辑的能力、辨析语言特色的能力、判断教学价值的能力四部分构成。[1] 然而许多教师面临着文本解读能力结构性缺失的问题。正如在访谈中教师 T5 所指出的，因为担心自己的主观拓展会导致方向不明确，所以在进行文本选择时一般就选用教材，即"快乐读书吧"指定的文本，并不会基于自己的经验进行选择推荐。这也从侧面反映出部分教师尚未具备良好的文本选择以及组合建构能力。多数教师仅能够读懂

---

[1] 张春生. 小学语文教师文本解读素养的问题、原因及对策[J]. 新教师，2023,134(2)：22-24.

文章,把握文章的主旨内容和基本结构,基于课内文本的结构特点展开延伸式阅读教学,但实质上延伸式阅读教学的文本内容并不仅仅是基于结构特征进行组合,它还需要教师结合文章的要点、内在逻辑等进行具体分析和调整,但教师在把握文章内在逻辑和判断教学价值方面的能力较低,这在一定程度上弱化了延伸式阅读教学的实施效果。

4. 文本选择渠道单一,阅读内容被窄化

选择合适且有价值的文本是开展延伸式阅读教学的必要条件,然而,选择文本却成了教师们开展延伸式阅读教学的一大难题。因多种因素的影响,教师们通常践行"拿来主义",过于依赖教材以及教辅等资料推荐的文本。例如,在实际教学中教师多在"快乐读书吧"这一单元板块开展延伸式阅读教学,这种单一选择文本的渠道不仅难以实现延伸式阅读教学方式的常态化,还会使延伸式阅读内容被窄化。教师在进行文本选择时主要关注文本的结构特征和文本间的关联性,对学生个体的兴趣与认知水平关注度较低。仅采用教材中面向全体学生的推荐内容会导致选择的文本难以满足学生的个性化需求,使得学生的阅读内容与选择被窄化,易造成部分学生因没有读到感兴趣的内容而淡化了对阅读活动的兴趣,降低了参与的积极性和主动性。此外,部分教师会借助互联网进行搜索,虽然在一定程度上丰富了文本选择的渠道,但实际的应用效果却不佳。尚未具备良好阅读素养和文本解读能力的教师在面对良莠不齐的网络资源时,常常是基于文本的结构特征盲目进行选择和组合,教育教学价值难以保证。同时,碎片化的阅读方式很难激发教师的深度思考,进而导致文本间缺少实质性的内在联系,难以起到促进学生加深理解实现深度学习的作用。正如访谈中几位教师所谈到的。教师 T5 表示,在推荐书目时很少调查学生的阅读兴趣,几乎都是借助"快乐读书吧"的书目清单。教师 T6 表示,对于文本的选择,因为有教材配套的推荐书目,会以参考这些推荐书目为主,其他的书目质量参差不齐,万一有什么不太适合学生阅读的内容,会比较麻烦。教师 T8 表示,不是太了解学生去阅读的哪些书目,对于书目的质量可能不是太有把握。

总之,当前文本选择的渠道主要集中于教辅资料的推荐和基于网络平台的自主搜索,前者保障了文本的质量和教育的价值,但在一定程度上限制了阅读的内容和类型,不能满足学生的个性化需求;后者丰富了文本的类型,增大了文本的数量,但参差不齐的质量难以保障教学效果。因此,如何拓宽教师文本选择的渠道、丰富延伸式阅读教学的文本资源并保证所选文本的质量是当前面临的主要问题之一。

5. 教学方式传统单一,忽视学生主体性

由于缺乏科学理论指导与延伸式阅读教学经验,教师在开展延伸式阅读教学时大都采用以一篇课内文章带动多篇课外文章的方式。然而,延伸式阅读教学中强调的基于课内内容,不仅可以指某一篇课文,也可以指具备共有特征的某一组文本。在实际教学中,教师往往会以自身的讲解为主,如首先呈现课内文本,对教材内的这篇文章进行教学,学生通过对课文的学习习得某种阅读策略或者归结出文本特征,教师据此向学生推荐相关的阅读文本,进一步引导学生进行阅读,在比较阅读的过程中练习并运用该策略或进一步感知文本特征,最后得出结论。在访谈中,教师 T2 在谈到以什么样的教学策略推动延伸式阅读教学课堂的实施时表示,课堂上主要是教师讲解引导为主,并结合学科活动推荐相关书目给学生，深入解读文本。同时存在部分教师在推荐相关的文本之后让学生在课后进行自主阅读，很少及时指导，导致延伸式阅读教学实际上衍生成了多文本的简单叠加。结合课堂观察，由于教师教学方式缺乏新意，部分学生对阅读教学活动缺乏兴趣，不愿意参与阅读活动，而教师面对这种情形时，因为需要在有限的课堂教学时间内完成教学任务，所以只要该学生不影响正常的教学秩序便不去过问，但教师这样做本质上是忽视了学生的主体性，会造成该情况的恶化，不仅不利于学生个体的发展，也会带给班集体负面影响。此外，教师在进行延伸式阅读教学时，因备课不充分也会出现忽视学生实际生活体验、真实心理状态和实际语文知识水平的现象。

综上，教学过程中学生的参与度不高导致教学活动呈现传统化、刻板化的特征。虽然这一特征较传统的课堂教学有了很大的改善，但基于延伸式阅读教学理念，在面向全体学生、呼吁学生主动参与、重视学生的主体地位、发挥教师的指导作用方面还存在很大的改善空间。

6. 缺乏督促与评价，难以保证阅读效果

值得肯定的是教师群体逐渐尝试将延伸式阅读教学渗透在日常的课堂教学中，但囿于课堂时间有限、部分学生阅读能力较弱等因素的影响，不少教师在实际的教学过程中极易将延伸式阅读操作为学生的自主课外阅读，忽视了自己在督促与评价方面的重要作用。个别教师仅仅作为阅读内容的推荐者，很多内容需要学生在课后自觉完成。这种情况下，学生的阅读效果完全取决于学生个体的阅读态度和阅读能力，所谓的延伸式阅读教学便演变成流于形式的学生自主阅读活动。部分教师会采取让学生做摘抄、写读后感或以小组为单位进行汇报的方式跟进学生的实际阅读情况。在访谈中，教师 T7 就表示："课上的时间是很有限的，没有办法在学校里面真正地把延伸式阅读推进下去。我布置了这个任务，学生觉得很感兴趣，他会课后去找相关的书，而课后的跟踪我们是没办法顾及的。"据调查结果显示，小组汇报的动态形式是采用频率最高的，但这种类型的汇报通常仅安排在课前预备的几分钟里，虽然这种方式在一定程度上督促了学生的阅读行为，但在简短的汇报时间内教师是很难了解到学生的阅读深度以及理解和掌握程度的，因此难以保证实际的阅读效果，容易引发学生"为了汇报才阅读"的完成任务式学习态度，造成延伸式阅读教学实践与教学理论的脱节。教师 T1 在访谈中提道："实施延伸式阅读教学的过程中最难的环节就是落实不到位，每节课课前两分钟可能只能有一到两个学生来展示，如果一直没轮到，学生可能就会倦怠，没有动力去做了。虽然我希望学生能够在家里或者在课外的时候多多去阅读，拓展一下自己的阅读量，但是学生到底有没有读就不知道了。"与此同时，多数教师对学生的摘录未做出及时的反馈。心理发展尚未成熟的特征决定着评价在小学生个体成长发展过程中的重要导向作用，若学生的学习结果未能得到有时效性的评定，容易带给学生消极的心理暗示，即做摘录、写读后感似乎也不是老师重视的学习内容，久而久之学生便会放弃该阅读习惯的培养。

综合来看，现有的延伸式阅读教学活动中教师的督促力度较弱，评价方式较单一。多采用小组汇报的动态形式，缺少做摘抄、写读后感等静态的检查方式，阅读过程中指导督促的匮乏，阅读后评价反馈的不及时，不仅不能保证学生的阅读达到理想的质和量，还容易拉大学生个体间阅读能力的差距。总之,流于形式的督促与评价行为很难起到导向激励的作用。

(三) 学生对延伸式阅读的认知不足

1. 学生对延伸式阅读的兴趣不高,主动性欠缺

孔子有言:"知之者不如好之者,好之者不如乐之者。"心理学研究也表明,兴趣可以激发一个人在工作中的才能。有研究数据证明,若一个人对他从事的工作感兴趣,那么他就能在工作中发挥85%—90%的才能;反之,若其对工作没有兴趣,那么他的才能只能发挥20%—30%。将之运用于阅读领域,亦是如此。兴趣是学习最好的老师。学生有了阅读兴趣,才能将教师的"要我读"转化为"我要读";学生有了阅读兴趣,才能从内心深处产生阅读的主动性;学生有了阅读兴趣,才会努力寻求阅读机会,从中获得阅读满足,产生愉悦的情感体验。小学生的阅读兴趣直接影响着阅读能力的提高。

本次调查显示,大部分学生对课外阅读的兴趣相对浓厚,但仍有对阅读丝毫不感兴趣的学生,而这部分学生大多集中在三年级,他们只是迫于教师和学习的压力而不得不进行阅读。还有部分学生虽然有很强的阅读兴趣,但对教师或者课内要求的读物并不感兴趣,只阅读自己感兴趣的内容。小学阶段的学生往往不能很好地鉴别文学作品的价值,他们更容易被网络小说或是视频图像中惊险刺激的情节和场面所吸引,对文学名著等丧失阅读兴趣。在调查学生近期读到的课外书时发现,其中有不少是不适合该年龄阶段的孩子阅读的,有些书不但内容难以理解,而且会使得学生更加排斥教师推荐的书目,造成恶性循环。同时,在阅读主动性上,

学生的延伸式阅读主动性依旧有待提高。在信息时代成长的学生,无时无刻不在接触互联网,网络上的电影、电视剧、短视频等可视化的信息形式,对学生阅读纸质书籍的主动性造成了不小的负面影响。

2. 学生对延伸式阅读的重视程度不足

阅读能力是现代社会中人们所需具备的一种基本能力。在这个瞬息万变的时代,阅读是一个人进行自我教育、不让自己落后的主要途径。阅读也是语言学习的重要部分,它能够促进词汇的丰富、语法的习得和文化意识的培养,能够更好地为学生的表达和写作打下基础。阅读还是语文学习的重要内容、方法,阅读能力的培养直接关系到语文素养的提升。小学语文教学中延伸式阅读是以教材为阅读基点、从课内阅读延伸到课外阅读的阅读方式。其价值不仅在于拓宽学生的视野、培养学生的阅读兴趣、提高学生的阅读能力和语文素养,还起着桥梁的作用,前承课堂教学,后接课外阅读,不仅可以弥补课内阅读教学的不足,而且可以帮助学生将课内外阅读融会贯通。

从问卷调查结果来看,三至五年级的大部分学生将延伸式阅读的意义定位在提高作文分数和语文成绩、增长知识等与课业成绩挂钩的方面。课外的延伸式阅读不仅是增长知识的途径,更应该是学生成长和生活中不可缺少的一部分。若将阅读与考核挂钩,那么学生很难体会到阅读真正的乐趣,更不能全面理解阅读的意义。从访谈结果来看,学生对延伸式阅读的概念并不十分理解,多数受访问的学生都不太了解"延伸式阅读"这个名词,他们也不能准确区分延伸式阅读课和其他阅读课的区别。如学生 S4 表示:"不是特别了解'延伸式阅读教学'的含义,但我想谈谈自己的理解。我认为除了课本里的内容,老师还会给我们拓展更多的知识。"学生 S6 表示:"我并不能准确区别延伸式阅读教学和普通的阅读教学,老师没有和我们明确提过这个概念。"

3. 学生延伸式阅读时长不够,阅读量不足

"望子成龙,望女成凤"是每一位家长的期盼。在国内教育大环境下,希望孩子出人头地,导致家长极度重视孩子的课业成绩。"双减"政策出台前学生的时间被各类辅导班、补习班占据,繁重的课业压力使得学生难以喘息。"双减"政策的出发点是为了将时间还给孩子,让教育回到原本的生态,但在政策落地后,为了能考出好成绩、升入好大学,学生会将大量时间花在课内知识以及作业完成上,同时家长为了提升孩子的综合素质或竞争力,为孩子安排不少兴趣班,学生的精力被占据大半。问卷调查结果显示,80%以上的学生平均每天的阅读时长不足 1 小时,还有 1.69%的学生从不花时间阅读。在进行访谈时,就有学生 S6 提道:"我们阅读时间不太够,因为我们班的同学学习都很努力,大家都不想落后,所以花很多时间来学习课内的知识。老师会在课后或者作业完成后的时间里让我们抽空来读。"教师 T10 在访谈中也提道:"我认为最主要的还是要切实地把计划做下去,最大的阻碍就是时间不够,第二个就是能否让孩子们静下心来阅读,这是实施好延伸式阅读的前提条件,这也要再回溯到我所说的学生的兴趣引发以及阅读环境、阅读条件和展示平台的创设。"无论是从问卷调查的数据还是深入的师生访谈都可见阅读时间不够是切实存在的主要问题。问卷数据的差异性分析结果显示,三至五年级学生在阅读时长上每两个年级之间都存在十分显著的差异,整体趋势为年级越高,阅读时长越短。而阅读时间不够必然会导致学生课

外阅读的输入量不够,阅读能力以及课外阅读带来的益处便无从谈起。

(四) 学生延伸式阅读的习惯有待改进

1. 学生延伸式阅读文本来源单一,内容适切度不足

克拉生在其著作《阅读的力量》中提出,培养孩子的阅读兴趣首先要为孩子制造亲近书本的机会,书本应该充斥着孩子们的生活空间,无论是在家庭、社会还是在学校、班级里。根据问卷调查的结果显示,学生大部分的阅读书籍来源于父母的购买,原本应该是孩子书籍来源的主要途径的学校图书馆和班级图书角占比只有30%左右,向同学借阅这一书籍来源途径的占比则更少,由此可见学生延伸式阅读文本来源较为单一,尤其是学校图书馆以及班级图书角并没有完全发挥其价值。教师应基于学生兴趣以及课内文本的相关延伸议题如作者、写作手法、背景、题材等,个性化地定期布置班级图书角,使得图书角的书籍数量足够、质量上乘、形式内容丰富,能与学生兴趣相匹配;教师能够机敏地从所教教材出发,结合班级学生的兴趣取向,向学生推荐优质读物。与此同时,教师应积极参与学校图书馆的建设,给出相应的图书选择和更新建议,并带领学生定期参观学校图书馆并鼓励他们积极借阅。

问卷中还调查了三至五年级小学生对于课外阅读内容的选择。调查结果显示,目前学生对于课外阅读内容的选择最多的是文艺类书籍,包括绘本故事、漫画等以图片为主的图书。三至五年级小学生选择课外阅读最多的是故事类图书,在访谈中小学生也提到他们喜欢阅读故事类的书籍,因为觉得跟他们的经历很像,能

够产生共情或是满足他们对世界的奇异想象。如学生 S2 提道："我很喜欢阅读故事和小说，我家里有很多课外书我都看过，我最喜欢看哈利波特。因为他在故事里慢慢成长起来变得勇敢有智慧，受到大家的喜欢。我希望我也能和他一样。"

但调查结果也显示近 40% 的学生在进行延伸式阅读文本选择时是"随意选择的"，由此可见小学生在选择课外阅读读物上具有盲目性，尤其是高年级的学生，他们在生活学习中逐渐受到各方面文化的影响，逐渐形成自己的阅读倾向，但在该阶段的学生对阅读文本质量还没有很强的鉴别能力。他们会选择轻松、易懂的文章，或者是学生群体中流行的书籍，部分学生会按照老师的要求阅读名著类的课外书。从学生的问卷了解到，教师对小学生课外读物的推荐会倾向于名著类阅读，作为课内阅读的补充。但有些教师并不会有过于明确的文本选择要求，受访学生 S2 表示："老师在进行延伸式阅读教学前会布置任务，比如让我们搜集自己感兴趣的故事，然后在第二天上课的时候让我们去讲。"综上所述，小学生在课外阅读内容的选择上是有一定盲目性的，其延伸式阅读的文本内容适切性还有待提升。

2. 学生延伸式阅读方式差异明显，整体有待提升

延伸式阅读教学的任务之一在于以课内文本的阅读方法与策略为基点，拓展延伸至课外相关文本的阅读，使学生将良好的阅读方法和策略内化为自己的技巧，培养学生良好的阅读习惯。良好的阅读习惯是确保学生达成良好阅读效果的保障，是学生保持阅读的动力，可以促进学生高效地进行阅读，从而提高阅读主动性。

根据问卷调查的结果可知，可见三至五年级学生的延伸式阅

读习惯并不理想,仅仅有少部分学生在阅读时会动笔,而写读书体会或读后感的学生则更少。大部分学生的阅读如"雁过无痕,叶落无声",如此只有知识的输入而没有输出,往往会造成读过就忘的后果。从性别角度分析学生的阅读方式发现,男生和女生在延伸式阅读方式的选择与运用上存在着较为明显的差异,根据数据分析可见男生在阅读时选择"只读,不动笔"的比例更高,因此应继续完善男生在阅读时的习惯与方法。从年级角度分析学生的阅读方式发现,不同年级的学生在阅读方式上存在十分显著的差异。三年级学生与五年级学生在阅读方式上存在显著差异。三年级学生的阅读方式多选"只读,不动笔",而五年级学生的阅读方式选择"只读,不动笔"的比例明显低。可见年级低的学生阅读习惯稍显欠缺,而习惯的养成需要长时间的坚持,非一朝一夕可以促成。所以更应该加强低年级学生阅读习惯的培养,继续保持甚至是完善高年级学生的阅读习惯,让学生做到有阅读就动笔。

3. 学生应对阅读困难时的方法有待完善

由于延伸式阅读是基于课内文本的拓展与延伸,故文本的难度以及阅读的要求比如课内所教授的阅读策略的运用都稍超前于学生现有的知识和技能水平,所以学生在延伸式阅读中遇到困难是难免的。

据问卷调查的结果显示,40%以上的学生在阅读中遇到的困难为不知道阅读目的,不会阅读方法。这就需要教师做好延伸式阅读教学工作,帮助学生确定自己的阅读目标,给学生教授更好的阅读方法和更加有效的阅读策略,并且督促学生将所学的策略内化吸收,形成一套与自己适配的阅读模式。近40%的学生会遇到"学业任务重,没有时间阅读"的问题,这就需要学校制订更加完善的阅读计划来平衡学生的学业任务和阅读任务。1/3的学生会遇到"理解不了阅读内容"的困难,这需要教师推荐更加适合学生的阅读材料,关注学生差异性的同时在日常的教学中培养学生更好的理解能力。对于以上遇到的困难,课题组对学生应对困难的方法做了问卷调查,调查数据表明,绝大多数学生在遇到困难时会选择请教父母和查找资料。这种现象可能与学生的阅读多数在家中进行有关,因而选择请教老师和与同伴交流的学生占比不高。阅读的时间多数在学生家中这并不意味着教师能够卸下帮助学生克服阅读中困难的担子,反而更应该引起教师的关注。首先应该设法确保学生在校内的阅读时长,创设良好的校园、班级、同伴之间的阅读环境,使得学生在阅读困难时能够主动、方便地向教师请教,与同学讨论。调查结果表明,近20%的学生在遇到阅读困难时选择了跳过,不会想办法解决自己的困难,这并不是一个好的现象。学生在遇到阅读困难时应该积极主动地寻求帮助,并且学校、教师和家庭应该创设良好的环境,帮助学生多途径地解决困难,提高学生解决困难的主动性。

4. 学生课后的阅读交流有待加强

小学作为学生在学校中进行同伴交往的初始阶段,是学生身心发展和道德培养的关键和主要时期。与同伴之间的交流占学生在校学习生活的很大一部分时间。研究证明,交流和讨论会增加学生的阅读兴趣,加深讨论内容在学生脑海中的印象,帮助学生更好地理解阅读内容或解决阅读困难。除此之外,良好且经常性的阅读交流也有助于打造校内良好的阅读氛围。

而课堂内的交流与讨论或多或少会受到教师以个人思维意识为准进行的设计和提问的限制,传达的是教师对阅读内容的理解和感悟,而对学生阅读过程中个体知识的构建和思维过程缺少关注,疏于发现学生在思考什么、困惑什么。如果问题来源于学生,交流的主体是学生,这样的讨论最容易触及学生的最近发展区。作为学习活动的主体,学生之间自然也存在"支架"引导其"认知"与"建构"。

调查问卷和访谈的结果显示,70%左右的学生在遇到困难时不会与同伴交流,在日常学习生活中也不会和同学讨论交流自己的阅读情况。这就导致学生解决问题时思维不够开阔,家长和工具书提供的解决策略或许不切合该年级的学生个体需求。在访谈时教师T10表示:"我认为环境的创设是延伸式阅读实施的更大的难点,包括家庭中的阅读环境、学校中的阅读环境以及周围同伴给予的阅读环境,想让这些环境都适合延伸式阅读是比较困难的。"由此可见,目前校内的阅读环境创设是值得关注的问题,其中包括同伴间的阅读氛围创设。因此积极鼓励学生在日常的生活中交流讨论阅读内容,比如相互推荐书籍或是交流感悟、解决困难是值得教师关注的。

5. 学生延伸式阅读策略掌握程度有待提升

温儒敏先生曾言,现在语文课最大的弊病就是读书太少。教材只能提供少量的课文,光是教课文读课文是远远不够的。语文延伸式阅读教学的开展便能起到一定的拓展高质量阅读文本、培养学生阅读能力、激发学生阅读兴趣、提高学生综合素质的作用。

就研究所开展的学校来看,该校多数教师将延伸式阅读教学的教学目标设定在阅读能力培养上,尤其是阅读策略与方法的教学上。教师T9表示:"比如科普类的文章,首先我们需要让学生知道哪些是科普类的文章,然后让学生明白阅读科普类的文章有哪些方法,触类旁通地学会阅读相关的科普类文章。所以目标会设立在阅读方法的指导上,也就是给孩子们一个拐杖,让他们自己阅读同类型的文章。"教师 T10 表示:"课内阅读所学到的方式方法和习惯能不能灵活地运用到延伸阅读中,解决阅读中类似的问题,这应该是延伸式阅读教学的目标。"

通过问卷调查的结果发现,在学生反馈的自己在课堂上所学到的阅读策略运用的主动性方面,只有 1/3 的学生会用到老师上课教的方法,1/4 的学生不太会甚至完全不会运用课堂上教授的方法。而这个数据仅仅只依靠学生自我的判定,实际运用到老师上课教授的阅读方法的比例是否真的达到所呈现的数据不能确定。若经过专业的测评,占比可能会更低。

对于阅读的策略——制定阅读计划进行了专项的问卷调查。结果显示,三至五年级学生制订阅读计划主动性的整体情况并不十分理想,选择"完全不会""偶尔会"和"一般"的学生占比超过了 55%,一半以上的学生不会经常做阅读计划。而计划完成度的整体情况也不尽如人意,能够完全完成自己制定的阅读计划的同学不足 1/3。从年级角度分析各年级在阅读计划制定主动性与计划完成度的差异,结果表明三年级与五年级学生在阅读计划制定上有显著差异,五年级学生制定阅读计划的主动性明显高于三年级学生。其余组间在阅读计划制定主动性上并无明显差异。三年级与四、五年级学生在阅读计划完成度上存在显著差异,三年级学生计划完成度明显低于四、五年级学生。其余组间在计划完成度上并无明显差异。由此可见年级越低,其对阅读方法掌握并实际运用的主动性会更低,需要教师加强重视并培养其良好阅读习惯,积极监控其阅读习惯的养成情况。

## 二、原因分析

### (一) 延伸式阅读教学实践缺乏体系化的理论指导

在中国知网平台上,将"延伸式阅读教学"设置为主题词进行检索,结果显示仅有194篇文章(截至2023年12月26日)。进一步阅读分析发现,现有研究主要集中于延伸式阅读教学的价值、延伸式阅读教学的困境以及延伸式阅读教学的提升策略。首先,关于延伸式阅读教学的理论基础较为欠缺,关于延伸式阅读教学的概念目前已形成较为统一的理解,但关于延伸式阅读教学、"1+X"群文阅读教学、"主题任务群阅读教学"等多种阅读教学形式的异同之处的分析较少,延伸式阅读教学与其他阅读教学的关系不够明晰导致教师在概念认知上存在偏差。其次,关于延伸式阅读教学的实证研究欠缺,实证研究的匮乏导致延伸式阅读教学实践活动面临的真实困境不够明晰,进而成因分析和改善对策的提出也不够有针对性。最后,关于提升延伸式阅读教学效果的策略研究是比较多的,但进一步分析发现,现有的策略更倾向于泛泛而谈,很少结合具体的课例进行解说,脱离教学实际需求泛谈路径也难以为一线教师的落地使用提供参考价值。

总之,鉴于现阶段关于延伸式阅读教学开展的研究较少,未形成完备的理论体系,因此一线教师的教学实践活动因缺乏科学的理论导向而增加了不少难度。

### (二) 学校尚未做好延伸式阅读教学的条件保障

首先,延伸式阅读教学时间不充足。没有足够的备课时间和授课时间是当前教师群体在开展延伸式阅读教学时面临的主要困难。要获得高效的延伸式阅读教学效果，就需要教师在有限的35分钟内，对课内和课外阅读教学内容的具体实施和布局进行合理充分的规划与设计，包括教师课前的备课、教学目标的确定、教学环节的设置等等，此外还要留有时间放手让学生真正去阅读。在延伸式阅读教学中，学生的阅读理解是整个教学过程的根本，而教学效果则是通过学生的变化来体现的。小学生的认知水平、反应机制和思维成熟度都有限，要想让学生获得系统认知和深刻体验，需要有充足的阅读时间。有了时间保证，学生才能有足够的时间去消化和理解文本的内容，才能有足够的思考的机会。而在访谈中，却有教师表示开展延伸式阅读教学最大的阻碍就是缺少时间和精力，难以做好教学准备和实施工作。一方面，学校虽然积极提倡延伸式阅读教学的实践，但是忽视了教学活动实施主体身上肩负的繁重任务，没有基于延伸式阅读教学的需求适当调整教师的工作量，完善语文课程教学方案，未做好教学时间保障。另一方面，教师在课前没有充分备课，对学生情况分析不到位，难以合理把控延伸式阅读的教学内容和时间分配，使得延伸式阅读教学未能达到预期的效果。

其次，延伸式阅读所需的文本资源不足。现有的教学资源大部分是教师个体基于教辅资料的探索性设计与尝试，很少具有普适性的案例。现阶段延伸式阅读教学主要由语文教师组织开展，文本资源的选取和整合也主要是教师个体的工作，囿于多种因素的影响，文本类型和数量具有一定的局限性，学校内部没有形成统一的教学资源。此外，现有议题的阅读文本数量不足，部分学生缺少文本资料、阅读面被窄化。总而言之，学校现阶段尚未做好教师延伸式阅读教学和学生阅读学习两方面的文本资源保障。

最后,延伸式阅读教学的开展缺乏教研支持。调查中,大多数教师表示关于延伸式阅读教学的实施缺乏专业的指导意见,且当前的语文教研活动以延伸式阅读为主题的并不多,不同年级任教教师的参与程度不一。可见,当前阶段学校关于开展延伸式阅读教研活动的意识不足,组织频率不高,对教师延伸式阅读教学能力的培养缺乏针对性,缺乏对教师教学的专业支持保障。

(三)传统教育理念和阅读教学模式的固化

首先,在应试教育的影响下,迫于考试升学的压力,学校、教师与家长都希望学生能够在最短的时间内取得理想的成绩,拿到高分。虽然随着教育改革的不断推进,唯分数论的风气得到了很大的改善,但囿于传统教育理念的影响,不管是成人还是学生自身都更关注考试成绩,在功利想法的驱使下希望阅读行为能够在短时间内取得成效,教师容易将阅读教学视为语文学科分数的一部分,导致实际的阅读教学活动以提高学生的考试成绩为目标,重视基础知识的反复训练,将延伸式阅读教学逐渐发展成一种过度追求提升学业成绩的工具。然而,阅读的教与学本质上是一个长期积累的过程,并不会出现立竿见影的效果,其任务是让阅读者通过阅读文字,实现与作者的心灵沟通,引起情感共鸣,从而在思想和心灵上得到洗礼和净化。[①] 基于此,延伸式阅读教学应该成为塑造学

---

① 王君.探究初中语文阅读教学的困境及其对策[J].中学课程辅导(教师通讯),2018,202(22):36.

生思维能力、提升阅读素养的助推剂。

其次,传统的阅读教学是单篇阅读教学,一线教师在传统教学模式的影响下习惯了单篇阅读教学的结构,习惯了将单位课堂时间细化为导入、新授、练习巩固、拓展延伸、总结等多个环节,虽然多数教师能够意识到传统阅读教学模式的弊端,但在实际的操作中还是容易陷入上述多个环节的循环。然而延伸式阅读教学不仅可以是单篇文章的教学,也可以是基于议题的多文本教学,因此教师带领学生逐字逐句地分析背诵文本内容,揣摩作者的写作意图的传统阅读教学模式难以满足延伸式阅读教学的需求,在一定程度上弱化了延伸式阅读教学的效果。

(四)教师自身阅读量不足窄化阅读教学的视野

鉴于延伸式阅读教学实施的主体主要是担任班主任的语文教师,教学和班级管理工作占用了较多的时间和精力,导致教师缺少自主阅读和钻研文本的时间。一方面,新手教师对语文教科书的阅读程度不够,对统编版教材的整体内容和编排方式缺乏系统的认识。统编版教材最大的特征是"双线组织单元结构",一条线按照"人文主题"组织编排,另一条线按照"语文素养"组织编排。[1] 前者传递价值观,后者落实语文知识与能力,共同指向学生的语文素养。参与本次调查的新手教师较多,结合访谈内容发现,囿于备课时间和自身教学经验不足,这部分教师对语文教材的分析程度不够深入,未把握住教材编排的整体特征和关联性,因此教学呈现学

---

[1] 蔡慧珏.小学中段"1+X"群文阅读教学的调查研究[D].扬州大学,2022.

段甚至是单元间的割裂性。另一方面,有限的时间和精力迫使教师个人渐渐放弃自身的课外阅读,阅读行为的减少导致阅读量下降、文本积累匮乏、教学资源储备不够丰富,因而教师在选择和组合文本时出现选择单薄、文本趋同的问题,窄化了阅读教学和学生自主阅读的视野。同时,面对有限的时间,教师在进行文本选择时仅是基于教辅资料的推荐,把课外阅读视为延伸式阅读的一种形式,缺乏自身的深度学习与思考,在教学过程中以及教学结束后难以逐步整理并深度剖析延伸式阅读教学的相关资源,导致目前尚未形成较为完善且具有特色的教学资源。

总之,由于教师自身在课内外的阅读量不足,现阶段对文本资源的积累不够,很难根据自己平时的阅读经验灵敏及时地找出契合度高的文本开展延伸式阅读教学。

### (五) 教师对教学目标不清晰降低文本选择性

进行延伸式阅读教学的首要目标,就是教师不但要向学生推荐好的文章,让他们自己去读,而且能提高他们的阅读量,在大量的阅读中寻找并掌握阅读方法的规律,学会将这些阅读方法迁移并应用于其他文章的阅读中。因此,延伸式阅读教学最重要的一点是教师在教学前一定要明确延伸式阅读的教学目标。如果延伸式阅读教学的目标不明确,会影响议题和课外补充文本的选择。

在延伸式阅读教学中,许多教师存在一个问题,即延伸式阅读文本选择渠道单一,阅读内容窄化。究其原因是教师不能明确延伸式阅读教学的目标,目标设置往往过高或者过低,教学目标的不确定又进一步影响了选文。此外,通过访谈也了解到许多教师认为选文是开展延伸式阅读教学过程中的一个难点,因为他们不知道学生应该阅读哪些书目,对于书目的质量也没有把握。因此,教师通常会依赖于教参教辅等配套材料来选择与课文内容相符的文章或图书作为课外补充文本进行延伸式阅读教学。然而,这种做法存在一定的主观性和盲目性,因为教师没有明确教学目标,缺乏对文本的检索和整合能力,仅仅是依赖教参教辅的推荐,而没有进一步思考文本之间是否有实际的内在关联。因此,建议教师明确教学目标,提高对文本的检索和整合能力,多角度思考选文,以便更好地开展延伸式阅读教学。

(六)小学生自觉性低,阅读兴趣不浓厚

对于延伸式阅读来说,学生主动阅读的积极性是很重要的。有了兴趣作为原始动力,学生才会主动运用恰当的方法进行阅读拓展。在小学阶段,由于学生的年龄较小,他们的自制力较弱,若不对他们进行督促,单纯依靠他们自觉地完成某一件事情,他们就只会对自己喜欢的事情产生兴趣,而对于那些他们不感兴趣的就会尽量避开。在访谈中,低年级的教师表示,由于低年级小学生自制力不高、认知能力不足,受到识字量的限制,理解文本较为困难。尤其对于调皮的、本身不喜欢阅读或者基础薄弱的学生来说,阅读就只是完成任务,并没有真正引起他们的兴趣。由此可见,小学生的阅读兴趣并不高,阅读持续性也难以保证。归根结底,是一些孩子不爱读书,他们对于书中的内容不感兴趣,不愿意去看。所以,要使延伸式阅读教学行之有效,除了教师、家长的督促外,更重要的是要使学生对阅读产生浓厚的兴趣,使其爱上阅读,并在此基础上,让他们积极地投入阅读活动中。对于不善于阅读的儿童,家长可以陪伴他们一起阅读,让他们在阅读中感受到乐趣。教师在平时的教学中,不仅要讲授课文内容,还要注重培养学生的阅读方法。延伸式阅读教学只有在学生有足够的兴趣和热情的情况下,才能真正发挥其应有的作用。

(七) 未给学生创造良好的课外阅读环境

1. 缺乏阅读的时间和精力

随着时代的发展,不少家长被"不要输在起跑线"口号影响。他们为了让孩子取得更好的学习成绩,要求孩子除了完成学校布置的学习任务外,还要参加课后的各种辅导。学生没有足够的时间和精力去阅读。即便能从繁重的任务中再挤出一些时间来阅读,学生已经身心疲惫,对阅读也会产生抵触心理,何谈培养对阅读的兴趣和习惯。比如,访谈中学生 S4 表示:"我喜欢阅读,一直保持着阅读的习惯,但现在处于四年级下学期,面临着升学的压力,所以每天在完成任务后会尽量挤出点时间来阅读。"教师 T2 也表示:"高年级学生时间有限,因为面临着小学升初中的压力,所以学生的阅读持续性难以保证。"此外,教师 T6 也表示:"时间是一个大问题,目前学校是没有开设专门的课时的,而我们语文教学的任务和课时又是固定的,所以给学生的阅读时间是有限的。"

在应试教育的大环境下,学生的阅读或多或少会受到一定的限制,但只要我们愿意为学生创造良好的阅读环境,就总会给学生留出一些阅读的空间,让学生多阅读,培养持久的阅读兴趣与习惯,不断拓宽自己的知识面、阅读面,让学生既能考得好又能真正提高自身的语文素养。所以,无论是教师还是家长都应该更新教育观念,改变"起跑线"等错误观念的束缚,从长远计议,着眼于学生的终身学习与发展。要想让学生爱上阅读,最重要的就是培养他们的阅读兴趣和良好的阅读习惯。小学是打基础的阶段,只有从小打下良好的基础,才能让学生以后的学习之路更加顺利。阅读不仅是一种能力,更是一种良好的生活习惯。因此在小学时期就要注重培养学生的阅读兴趣和习惯,为学生以后在社会中学习知识打下基础。

2. 缺乏读物选择的权利和自由

一方面,每一个学期,教师们都是从自己的角度来指导学生选择所需的材料,而几乎很少去询问学生们究竟喜欢读哪些文本,更不要说列出学生感兴趣的阅读书单了。在访谈中,有部分教师反映很少根据学生兴趣来推荐阅读书目。也有学生表示有些书读了之后感触不是很深,就不想继续读了。此外,社会上存在着一种与之背道而驰的看法,认为课外读物会影响到学生的学业。读书变得功利化,导致学生年级越高读书的情况越差。不管怎么说,学生几乎没有选择读物的权利和自由。事实上,阅读和考试并不是对立的,考试也需要注重培养阅读的兴趣,对阅读感兴趣、喜欢阅读,学生就能拓宽自己的阅读面,语文素养也会相对提高,其考试的成绩自然也不会差,所以,培养阅读兴趣才是语文学习的关键。

另一方面,家长只给孩子读"有用"的书,长期以来家长们认为课外读物泛滥,怕孩子接触以后耽误学习,所以家长普遍不赞成孩子自己去选择读物,主张给孩子看"有用"的书籍。家长只允许孩子读他们指定的书籍。受应试教育大环境的影响,家长选择的书籍往往都是面向考试的书,但这种不让读"无用"书的做法,恰恰适得其反,学生只读一些教辅类的书籍不仅不利于阅读面的拓宽,而且不利于培养持续的阅读兴趣,更别说提高语文素养了。所以,学生喜欢课外阅读,可以培养阅读兴趣,老师和家长应该给予学生更多的读物选择权和自由,多鼓励和引导,给予尊重和关心,学生对于阅读和语文学习的兴趣才会不断提高。

3. 缺少课外阅读的指导和交流

在实际教学过程中,大部分教师都不会对学生进行课外阅读的指导,一方面是因为教师对于教材内容的阅读过于关注,另一方面是教师只注重对学生技巧的教授,因此导致学生的课外阅读过程缺乏教师的指导,但是这并不意味着教师在课堂上没有进行课外阅读指导。在课堂上教师已经通过阅读策略单元中精读课文的教学对学生进行课内阅读策略的指导,学生也掌握了相应的阅读方法,但是在课外阅读阶段,教师也不能完全放手让学生自主阅读,课外阅读是课内语文教学的延伸,教师还是要给予有针对性的方法指导,以免学生的阅读重点出现偏移。比如,在访谈中学生 S5 就表示:"教师推荐的一些书对我来说有一定难度,比如文言文和半文言文这些书籍内容比较难,读下来还是感觉有困难的,需要成人和外界的指导和帮助。"因此,在这个阶段教师一定要注重过程中的方法指导,帮助学生提高课外阅读的积极性。

在学生的延伸式阅读过程中,为了增加阅读的趣味性,提高学生的阅读积极性,教师可以开展相应的阅读交流活动,让学生围绕自己阅读的内容展开分析和讨论,通过师生之间的交流等多种形式,让学生在延伸式阅读中能够与其他学生进行思维的碰撞,从而促进学生更好地学习和发展。然而当前的延伸式阅读,开展的阅读交流活动还是比较少,学生无法在阅读中与其他学生进行思维的碰撞,也无法将自己从阅读中得到的收获分享给同学和老师。因此,教师要注重开展延伸式阅读的交流活动,为学生提供阅读成果展示的舞台,让学生尽情呈现自己在课外阅读中所学到的知识和所获得的启示,让他们能够真正地从阅读中找到快乐和持续阅读的兴趣。

# 第五章 延伸式阅读教学的提升对策

基于第四章对延伸式阅读教学现存的问题及原因的分析,本章立足文本,结合课内延伸及课外延伸,从多个角度提出对策建议,希望能有助于延伸式阅读教学质量的提升,提高延伸式阅读教学的实际效果。

## 一、提升阅读素养,增强教学能力

### (一) 主动学习,深入理解延伸式阅读教学的育人价值

教师对延伸式阅读教学的概念并不陌生,都能抓住延伸式阅读的主要特征,即基于课内某一文本或知识点开展阅读教学活动。延伸式阅读教学不能局限于阅读文本的延伸,同时要包含阅读空间的延伸,不仅是指从课内延伸至课外,也指从学校延伸至社会,其目的是通过对课堂外内容的泛读加深对课内知识的理解,拓宽视野,激发思维,引导学生在阅读中学会思考,学会发现问题并解决问题,进而逐步培养阅读的兴趣,养成良好的阅读习惯,提升学生的语文素养。因此,教师需通过加强理论学习,准确把握延伸式阅读教学的本质特征和育人价值,进一步剖析延伸式阅读教学与常规化阅读教学、课外阅读教学、群文阅读教学之间的联系和区

别：其一，通过研读并剖析新课标中关于"课外阅读"的具体要求、小学生的培养目标，体悟延伸式阅读教学的必要性，结合小学生认知需要、自我提高需要等心理发展特点寻找延伸式阅读教学与学生阅读心理需求的契合点。其二，通过阅读相关的理论书籍、文献丰富自身关于延伸式阅读的知识基础。其三，多观摩优秀的延伸式阅读教学课例，汲取精华，关注细节，把握其设计背后的初衷以及实际的教学效果，学习一些适用的课堂教学技能。

教师个体必须意识到并认同理论是开展高质量延伸式阅读教学实践活动的基石，进而主动加强理论学习，在理论学习中转变功利化的教育理念，认识到延伸式阅读教学在促进学生发展、培养其核心素养和改善语文课堂教学效果等各方面的价值；在理论学习中把握延伸式阅读教学的本质特征，全面深刻地理解延伸式阅读教学的基本要求。

（二）增强研讨意识，积极参加合作探究式的学习活动

第一，教师要强化独立思考能力，在剖析教材的过程中进行延伸式阅读教学设计。教材作为延伸式阅读教学的基点，具有不可替代的作用，教师只有将教材研究透才能开展有效的延伸式阅读教学。具体环节有四：其一，精读新课标，在整体上准确把握教学目标；其二，将教材与课标进行对照，进一步探析教材编排的特点、选文特征与意图；其三，钻研教材，系统把握每个单元的编排特点和主题思想，以及每篇文章各自的特点；其四，结合本班学生的学习情况和个性特点选择合适的文本，制定教学目标并明确教学重难点，实现课标、教材和学生三者的统一。这四个环节并不是孤立的，教师在研读教材和相关教辅的过程中可以依据自身需要进行

调节。

第二，主动与同事交流分享，通过反思协作自发开展教学交流活动。随着新课程改革的不断推进，构建和谐融洽的同事关系，通过共同学习、共同进步的方式促进每一位教师知识结构和知识体系的更新和完善，符合新时代教育的发展趋势。[①] 基于此，教师要乐于将自己通过独立思考产生的教学设想、通过开展教学实践积累的教学经验分享给其他教师，在学习共同体中进行研讨，通过对教学成果的思考和梳理，每一位教师都能各取所需，实现经验互鉴和教学设计的完善，共克教学难题。

第三，教师要端正对专题培训和教研活动的态度，不能将之视为工作负担。以"延伸式阅读教学"为主题开展的研讨和培训活动是促进教师提高延伸式阅读教学水平的有效途径。因此，教师首先要端正态度，认识到参与相关的培训活动的必要性和价值；其次要积极主动学习理论知识，并结合实际教学需要选择合适培训内容；最后，要敢于在实际的教学活动中开展实践，将延伸式阅读教学渗透在日常的教学活动中，不断提高延伸式阅读教学实践能力。

### （三）学会阅读，提升自身的阅读素养和文本解读能力

延伸式阅读教学主要由教师组织开展，延伸式阅读教学的文本也主要是由教师提前选取，因此教师自身的阅读素养与阅读视角会对学生的阅读效果产生极大的影响。在阅读素养上，当前学界对阅读态度、阅读知识和阅读能力是阅读素养的重要组成部分

---

① 刘洁.学习共同体视域下教研活动有效性的策略研究[N].科学导报，2023-06-30(B02).

持有一致观点,因此教师需基于以下三个维度提升自身的阅读素养。首先,教师要成为喜爱阅读且会阅读的人,不仅要养成每天阅读的习惯,还要学习一些阅读技巧,具备一定的阅读能力;其次,在阅读内容上不仅要读与语文学科紧密关联的专业类书籍,还要阅读大量的优秀文学作品以及历史、哲学、自然学科等其他领域的书籍,语文教师也应该拥有合理的知识结构。魏智渊指出教师应具有的知识可分为三类,即本体性知识、专业知识和人类基本知识,其比例为 5∶3∶2。① 基于此,教师在广泛阅读、积累丰富的文本知识的过程中也要关注阅读文本类型的比例分配,要以教材教学所需要的本体性知识为主。在广泛的阅读中,教师不仅能够接触大量的文本资源,增强文化底蕴,同时在阅读中的思考过程需借助一定的阅读策略,进而不断提升阅读能力,提高阅读素养,为解读教学文本和设计延伸式阅读教学课例奠定良好基础。

  文本解读是课堂教学的重要环节,课堂教学质量的高低与文本解读的效果密切相关,可见文本解读不仅是延伸式阅读教学的基础,而且是语文教师开展延伸式阅读教学的关键。文本解读作为语文教学研究的热点之一,具有多元性和开放性、丰富性和历史性,教师要能够把握文本解读的多元特征,培养敏锐捕捉文本内容和学生经验触发点的意识,重视提升文本解读能力,对学生的延伸式阅读进行有效指导。教师在进行文本解读时需基于统一的教学材料,根据自身理解和课堂需要适当增加或删减内容,开展延伸式阅读教学时所进行的文本解读可考虑文本的本源、教学框架、教学目标和教学条件四个要素。文本的本源主要指教材内容。教材的

---

① 魏智渊. 教师阅读地[M]. 桂林:漓江出版社,2021(5):23-24.

编纂是依据课程标准等纲领性文件进行选择和组织的,但教材的章节有限,很多文本是节选,未能体现全部内容。因此,教师在解读文本时需着眼整体,紧扣文本核心内容和特征,凸显文本的核心价值。教学框架与思路会因教师个体解读视角和理解而不同,正所谓"一千个读者眼中有一千个哈姆雷特",面对解读多元化现象,教师不仅需要予以尊重,还需要积极交流共同打磨更优质的教学框架和思路。教学目标指导教学实践,文本解读同样服务于教学目标的实现。语文教学中的文本解读目的在于丰富学生的语文知识,提升学生的语文能力,从而实现自我建构的自主阅读。[①] 延伸式阅读教学中的文本解读也不例外。教师在开展延伸式阅读教学时需对文本进行适当解读,基于解读结果对文本进行适当的增减,将之转化为教学内容,由此,教学内容是需要根据课堂实际变化的,文本解读与教学框架紧密关联。课堂教学条件指在延伸式阅读教学中进行文本解读的现实条件。文本解读的目的是为课堂教学做准备,解读的内容也需借助其他的文本内容在课堂上呈现,因此,教师要考虑课堂教学时间和学生接受水平两方面。一方面课堂时间有限,因此教师在解读文本时要有意识地选取更符合教学目标和学生发展需求的内容作为延伸的基点,尽量使课堂内容丰富且适宜。另一方面,学生作为独立的个体因具有不同的知识经验和生活经历,即便面对同样的教学内容也会产生不同的反应,因此教师在开展延伸式阅读教学时也需考虑到学生的实际反馈情况适当增加或删减内容。

---

① 贺卫东,朱慧颖.文学文本的解读与建构[J].语文建设,2023(1):32-36.

## 二、强化教研培训,丰富教学方法

### (一)搭建教师研讨平台,开展有针对性的教研活动

专题培训和教师研讨是促进教师自身发展和教师集体专业化的有效途径。延伸式阅读教学仅凭教师个人的一己之力是很难在全校范围内取得良好效果的,它需要教师群体共同实践,教师个体则需要与同事积极分享自己所带班级的实际情况,结合实际研讨具体的教学措施并寻找合适的文本,进而不断更新构建具有普适性和学校特色的课例体系。因此,学校首先要组织教师在各学段形成教学研究共同体,基于学段学习内容与该学段学生的特点设计延伸式阅读教学体系;其次要加强不同学段、不同职称教师的互动联动,在经验丰富的成熟型教师和初任教学工作的新手教师之间建立帮扶机制。对教学实践过程具有深入体悟的成熟型教师能够引导新手教师快速成长,同时新手教师所具有的新教学理论和创意想法也能够帮助成熟型教师优化教学实践,实现延伸式阅读教学经验与资源的共享,共同提升教学专业水平,改善延伸式阅读教学效果。

此外,根据"在延伸式阅读教学方面期望得到的支持"这一问题的调查结果可发现,教师最希望能够阅读相关的理论书籍,其次是优秀课例指导、专家讲座、同伴交流和专题培训。基于教师自身的需求,学校首先应该为教师自主学习和研讨学习延伸式阅读教学的理论知识提供充足的文本资源,如相关的理论书籍与文章,同时要加强对教师理论学习的督促与指导,比如定期开展专题研讨活动,为教师交流分享阅读成果搭建平台。要想在延伸式阅读教

学上有新的突破,学校一方面可以与高校合作,邀请专家给教师进行理论讲解,基于教学实践进行理论深化;另一方面可邀请在该方面具有实质性成就的一线名师结合实际教学现状为教师提供具体的案例指导,进而实现理论与实践的相互促进,使教师的延伸式阅读教学更具操作性。

## (二)拓宽文本选择渠道,关注文本内在关联性和学生兴趣

目前,教师为了节省备课时间,提高教学效率,通常直接使用教材"快乐读书吧"板块推荐的书目作为延伸式阅读教学的文本内容。然而,延伸式阅读教学的文本材料应该是结构化、多元化和立体化的,除了教材和教辅的推荐,教师在选文时还可以借助互联网、课外书籍、报纸杂志、与其他教师研讨交流等渠道筛选合适的文本资源,同时,延伸式阅读教学中的文本不一定是一篇篇完整的文章,教师也可以根据当下时代发展所具有的信息碎片化特点,将教材内容和学生实际生活相联系,从新闻、广告等日常阅读场景中选择合适的文本、图片、视频等材料。

在进行文本选择时,教师要关注文本之间的内在关联性,切忌将选择好的文本进行简单机械的组合。延伸式阅读教学通常是讲授完课内文本之后,再拓展延伸出一些相关的文章供学生阅读,目的在于引导学生在大量阅读的基础上加深对课文内容的理解,拓展知识面,训练思维能力。如三年级上册《胡萝卜先生的长胡子》这一课例所示,该课的教学设计抓住了预测策略这一核心议题,共选取五个文本,其作用各不相同。《小猪变形计》的作用在于激发学生的阅读兴趣和回顾先前关于预测的阅读策略经验,进而导入新课;《胡萝卜先生的长胡子》是本节课的核心内容,其教学目标是

在引导学生预测策略初步感知的基础上尝试运用该策略进行阅读,鉴于学生仅是对预测策略具有感性认识,所以教师结合本篇文章给予了细致的引导,并且不断强化使用预测策略进行阅读时必须具有一定的依据。《躲猫猫大王》《团圆》和《小灵通漫游未来》三篇文章仅呈现了题目,供学生选择进行猜测,目的在于帮助学生巩固预测策略的学习成果。该课例的教学实践是延伸式阅读教学的典型使用方法,教师将延伸式文本贯穿教学过程始终,进一步帮助学生巩固学习重难点,具有借鉴意义,然而文本的关联性并不局限于核心议题,教师还可基于课程标准、语文阅读教学目标和学生发展需求等角度进行考量。

此外,在进行文本选择时要关注学生个人的阅读兴趣,学生与教师在延伸式阅读教学中同样是具有独立意识且地位平等的主体,因此在开展教学前,对于文本的选择教师可在学生群体内做简单的调查,结合学生的阅读兴趣与已有知识经验设计教学框架,保证所使用的文本能够适用全体学生,能够激发学生的阅读兴趣,只有迎合了学生的阅读兴趣才能激发学生的阅读动机,实现有意义阅读。

(三) 革新教学方式,处理好教师主导和学生主体的关系

教学活动的本质强调教学是一种特殊的认识过程,是学生的认识,也是有领导性的认识,可见教学是师生双边互动的活动过程。延伸式阅读教学作为教学活动的一种类型自然需要考虑学生的主体地位和教师的主导作用,寻找两者的平衡点。

第一,在进行教学设计时,教师需深入分析学情,需考虑不同年龄、不同学段学生身心发展的特点以及已有的知识经验和兴趣

需求，进而设计出符合学生发展需要、难易适中的教学内容。低年级的学生有着年龄小、注意力不够集中、识字量少等特点，独立阅读的能力较低。而高年级的学生已经具备了对课文的精读精讲、精读略读等基本技能的掌握能力，他们还具备了独立的阅读能力。因此，在课堂上，老师要根据学生的特点做好对学生的正确指导，根据学生的实际情况，选择适合的文章来进行阅读教学。

第二，在课堂教学时，要转变以教师精讲为主的传统教学方式，在教学的各个环节融入能够激发学生阅读兴趣的方法，促使学生自主阅读，教师做好监督和引导，扮演"指导者"和"促进者"的角色。比如，在"民间故事"这一单元，很多民间故事都有成功的动画改编，如《妈祖》《宝莲灯》等，还有一些民间故事拍成了影视作品，如《天仙配》《梁山伯与祝英台》等等。教师可以将动画片和影视作品中与教材"快乐读书吧"里相关的内容结合起来，通过文本和影音视频对比阅读的教学方式，可以激发学生的好奇心，使其产生阅读兴趣，吸引学生自主阅读更多的故事。

第三，在阅读内容上采取教师推荐和学生自主搜集相结合的方式，为学生参与课堂、增强主动性创设条件。基于教材内容的延伸可先由教师推荐，在此基础上教师应该让学生带着所给的任务以及自己的思考检索信息，告诉学生应该如何检索、如何筛选、如何分辨哪些材料有阅读价值，引导学生结合自身的理解和阅读兴趣进行文本的搜集和推荐，可全体参与，可小组合作，也可轮流分工。总之，延伸式阅读教学的各个环节都需要以学生为轴心，为学生的主动参与创设最大的空间，如学生要有选择文本的机会，要有展示自我的舞台等。

### 三、注重引领提升，确保有效实施

（一）强化监督评价，确保有效阅读持续进行

延伸式阅读教学虽然是基于课内的拓展式教学，但毕竟课堂时间有限，因此要想真正实现延伸式阅读教学的提质增效，还需要做好学生的课外阅读工作。鉴于小学生年龄小，自控力差，教师在推荐完阅读内容之后不能放手不管，反而需要加强监督与评价。阅读督促需要贯穿阅读教学的前、中、后，阅读评价则需注重方式多样化。

第一，教师可以结合具体的文本内容设置个性化的任务供学生选择，任务可设置在延伸式阅读教学过程的各个环节中，这些任务学生只有通过认真阅读材料进行思考后才能解决，借助小学生想要解决任务的好胜心激发阅读兴趣。在学生阅读的过程中，教师可以结合所在单元的读写训练点设计阅读任务，或者结合阅读内容的特性设计阅读任务。比如，在神话故事单元，教师通过布置制作阅读记录卡的作业，让学生选择一个感兴趣的神话故事去阅读。在阅读记录卡中，让学生先理清主要人物及故事的起因、经过、结果，然后对故事内容进行简单介绍。通过分享故事，学生对神话故事里的主要人物有了更深刻的印象，教师顺势再让学生结合主要的情节写一写自己最喜欢主人公的哪种品质及原因。通过这项阅读任务，不仅可以激发学生阅读课外神话故事的兴趣，还可以给予学生阅读空间，提升他们文本分析的能力，做到有效阅读。此外，教师也可以强化圈画批注、写读书笔记和读后感、做思维导图等方式的使用，教师不定期进行抽查并及时给予具体的描述性

反馈评价，通过静态的检查方式引导学生在独立阅读中养成良好的阅读习惯，确保有效阅读。

第二，教师可以借助阅读的过程性评价来让学生课外延伸式阅读持续、有效地进行。有了阅读兴趣之后，仍然会有一部分学生不能自觉地将阅读的活动持续、有效地进行。所以，除了借助阅读记录卡、画思维导图等任务驱动以外，还要引导学生去认真、有效地阅读，教师可以通过学生自评、教师评价、生生互评、家长评价等不同的评价方式，从阅读的时间、阅读的态度、专注度等不同维度对学生的阅读情况建立评价体系，以保持学生阅读的持续性。此外，为了激励学生积极主动阅读，教师可以定期对学生的阅读笔记进行查阅，评选出优秀的读书笔记，还可以组织学生开展"阅读之星"等评选活动，让学生养成多读好书的习惯。

第三，为学生搭建汇报交流的展示平台，继续使用以小组为单位在课前进行汇报分享的动态检查方式，同时在班级内适当增加汇报的时长或定期组织主题性的阅读心得交流活动，鼓励学生个人进行汇报，在班级中营造良好的阅读氛围。比如，以"神话故事"作为主题，教师可以让学生进行比较阅读，说说中外神话故事的异同点以及背后的原因，还可以让学生提前查找资料，看看哪些神话故事流传最广、被改编成其他形式作品的次数最多，说说自己最喜欢的神话故事以及理由是什么等等。此外，可尝试设置丰富的活动，如让学生选择合适的内容编排成课本剧进行表演，学生以课文内容为依据，对其进行改编和创作。通过角色扮演，可以调动学生的积极性和表演兴趣，进一步激发阅读兴趣，感受语文的魅力。在这一方面学校已经取得一定的经验，可在此基础上进一步优化，使活动与延伸式阅读教学的需求更加契合。

## （二）激发阅读兴趣，明确延伸式阅读的意义

新课标明确要求："要激发学生读书兴趣，要求学生多读书、读好书，读整本书，养成良好的读书习惯……"想要提升阅读效果，第一步便是提升学生内在的阅读兴趣。

要激发学生的延伸式阅读兴趣与热情，其中非常重要的一环就是要先让学生明白延伸式阅读的意义与重要性。教师需要明确"延伸式阅读"这个概念，让学生们清楚该阅读教学的理念，了解进行该项目化学习的主题，使他们的学习活动更加具有目的性。此外教师需要让学生明白阅读与延伸式阅读的重要性，要让他们将每一次的阅读课、阅读活动、每一次捧起书本阅读都当作一件有兴趣的"要事"来看待。

除此之外，为学生创设良好的阅读条件也十分重要。在这方面，学校和家庭都能起到重要作用。在家庭中，家长对学生延伸式阅读的准确理解和积极支持对学生延伸式阅读兴趣的培养与提高起到举足轻重的作用。许多爱好读书的学生的"启蒙者"都是自己的父母。他们从父母身上学到了读书的习惯、喜好倾向等。所以，想要孩子明确延伸式阅读的意义和重要性，父母的影响是十分重要的。同时，学校也需要打造良好的延伸式阅读环境，例如举办多样有效的延伸式阅读活动，丰富校园图书馆和班级图书角的藏书数量，提高藏书的质量。教师积极营造良好的班级延伸式阅读氛围、举办讨论会、教师作为榜样带领学生阅读讨论都是良好的方式。学校应与家庭积极沟通，为家长更新完善阅读理念，积极讨论以解决学生的读物选择、读书计划制订、读书习惯贯彻等问题。

(三)重视阅读指导,提高学生延伸式阅读的热情

1. 尊重学生个体,选择合适的阅读文本

叶圣陶在对小学生的阅读指导方面指出,一要"及时",即学生有了疑惑或是方式方法需要纠正时,教师需要敏锐地发现并尽量快给予指导帮助;二要"精选",就是说,学生的延伸式阅读书目并不能完全放任自流,需要在一定延伸范围内,以尊重孩子自主意愿为基础,结合教师选择书目的建议进行阅读文本的挑选。由于学生具有差异性,不同学生对读物的选择取向也各不相同,性格活泼、探索欲望强烈的学生喜爱冒险类的文学作品如《树屋历险记》《格列佛游记》等;求知欲望强烈、爱好积累的学生会选择《十万个为什么?》等科普类读物;爱好诗歌、心思细腻的学生多数会选择《诗与少年》等温暖细腻的文学作品。教师和家长需要认识到学生的不同,不能强制要求学生阅读,而应该细心引导,帮助他们探索多面的自己。别林斯基有言:"阅读一本不适合自己的书,比不读还要坏。"小学阶段的学生还没有完全独立选择延伸式阅读文本的能力,教师需要承担起为学生挑选优秀读物的义务和责任。根据学生本身的性格特点进行选择,同时对学生选择的图书进行甄别,既让学生有兴趣,又不枯燥浅显,让学生在读的同时有所收获。

2. 依据学生年龄特点,制订适当的阅读计划

小学阶段是学生学习成长的一个特殊阶段,其特殊之处在于学生年龄跨度比较大,低年级与高年级的学生有5岁的年龄差。在这横跨儿童期与青少年期的5年,无论是学生们的生理还是思维、心理都会发生很大的变化。因此适合学生的图书从体裁、思维深度、语言复杂程度等方面都有不同。低年级的学生更适合选择故

事绘本、儿歌等图文并茂、篇幅短小、趣味性强、通俗易懂的阅读内容；中年级则需要安排易懂的寓言、童话、科普短文以及富有想象和趣味的读物；高年级的学生可以阅读一些电视新闻、报纸、杂志等非故事性的文学作品，教师同时需要关注到文学作品中的价值流露，注重他们人格的养成，为他们提供名人传记或者有意义、有道理的故事等。对于中高年级的学生可以建议他们阅读古今中外的经典名著的青少年版，培养学生的情怀和阅读的品位。

教师与家长也要充分考虑到学生的课余时间。当前小学生们的课业压力比较大，再加之各种兴趣培训班，学生们的课余时间本身就比较少。因此在选择读物时，要充分考虑到这一点，不要占用学生过多的课余时间，让学生的"兴趣"变成"负担"。对于平时课业压力较大、上课时间长、课余时间较少的学生，可以选择推荐散文、寓言故事等篇幅较短小的作品，也可以推荐报纸、杂志等更适合于快速阅读的文本。对于课余时间较多，或者是在学生的寒暑假期间，教师和家长就可以指导孩子们适当选择一些小说类的或者篇幅较长的文学作品。有能力的家庭或班级，可以进一步鼓励学生们根据自己的实际情况，制订出属于自己的个性化课外阅读计划。学生根据自己的学习兴趣，结合自己每天的学习时间、休息时间制订出每天的阅读计划与阅读目标，让课外阅读更有规律，乃至最后成为一种固定的习惯。

3. 引导学生思维发展，鼓励学生表达和创作

教师应鼓励小学生积极进行延伸式阅读，让学生在阅读中积累知识、开阔眼界、锻炼自己的思维，同时也要明白积累的目的是让学生能在自己的生活、学习中加以运用。想达到这样的目标，就必须在学生阅读的同时鼓励并培养学生的创新精神。这就需要教

师在让学生进行大量阅读的同时,重视学生阅读理解能力的培养,需要家长和教师积极与学生沟通,鼓励学生针对文本提出个性化的问题。在培养学生养成阅读习惯时,一方面教师和家长要引导孩子们始终保持谦虚的心态,努力吸收书中的知识,尽力理解书中的观点;另一方面,教师也要让学生们明白"取其精华,去其糟粕"的道理。对于阅读过程当中所接触到的观点,要在动脑理解的基础上有所取舍,有选择地扬弃。在阅读的过程当中,能够进行"批判性"的阅读,能够在有思考的前提下,对文本提出疑问,能够对于公认的结论提出个性化的观点,这本身就是学生求异思维和创造力的体现。教师和家长要允许这样的情况发生,甚至是鼓励这样的情况发生。只有在这样的过程中,学生才能让自己的思维得到真正发散;才能勇敢真实地表达内心的想法;才能让自己的思想有所提高。这是鼓励学生阅读的最终目的。

## 四、完善条件保障,创造阅读环境

### (一)立足学校实际,做好时间和资源保障

学校应立足教师教育教学需求和学生现有学习条件等实际情况解决延伸式阅读教学实施的现存问题,做好教师教学时间和学生学习资源的条件保障。首先,据多名教师的反馈,目前教师层面遇到的最大困难是为保证教学任务的达标而缺乏进行延伸式阅读教学的时间,这反映出当前教师的工作任务是较繁重的,因此,学校需要为担任延伸式阅读教学工作的教师适当减负。一是尽量减少与日常教学工作无关的形式化任务,从根本上保障教师的备课时间和教学时间;二是做好延伸式阅读教学活动的课时规划,寻找

常规教学和延伸式阅读教学的平衡点以及实现两者贯通的路径，使延伸式阅读教学成为日常教学的组成部分。此外，学校要及时听取师生的反馈意见，根据教学需求多渠道做好文本资源的保障，如通过丰富校图书馆馆藏增加师生阅读文本的选择性和丰富性；根据延伸式阅读教学的主题准备充足的阅读文本供学生在学习时使用，避免出现学生在课堂上没有文本可读的现象；与家长积极沟通，引导家长意识到学校对延伸式阅读教学的重视以及该教学方式对学生自身发展的重要价值，进而促使家长完善教育观念，重视阅读活动，在家庭中为学生营造良好的阅读环境，提供文本资源，做好家校协作。

总之，教学时间和文本资源的保障是有效开展延伸式阅读教学的前提，学校必须在教师教学时间、教学资源以及学生学习资源三个方面做好支持与保障。

（二）保障阅读时间，培养学生持续阅读的习惯

为确保延伸式阅读能充分发挥其优势，必须保障学生有充分的阅读时间，让他们静下心来进行阅读，而非疲于应付教师的课后作业。教师则需要适当减轻作业负担，积极创办阅读活动，保证学生有足够的时间进行延伸式阅读。

1. 固定集体阅读时间

当前学校或班级举办的阅读活动多存在这样一个问题：开始时如火如荼，激情澎湃，每个环节都做得到位，在后续的一段时间内，由于各种原因，阅读活动这项"非课内"的教学内容就会被压缩，最终流于形式，不了了之。想要保证学生的延伸式阅读时间，从而养成良好的阅读习惯，就需要为学生提供有保证的，最好是相

对固定的阅读时间。

  教师可将每天课后服务等时间拿出一部分进行"师生共读"。在这段共读时间里,教师可以与学生一起阅读教师在先前为学生推荐的延伸式阅读文本范围内的内容,一方面起到"延伸"的作用,教会学生如何"延伸"以挑选阅读内容,另一方面,可以利用集体阅读的机会,帮助学生养成良好的阅读习惯。教师可以播放舒缓的音乐帮助学生进入良好的阅读状态。由于小学生年龄较小,在给学生们足够的自由度的同时,适当的监督和指导也必不可少。教师需要对学生的阅读书目进行检查,一看是否符合"延伸"的要求,二看内容是否适合学生阅读,三看学生能否读懂内容。教师还需要对学生的阅读姿势、阅读习惯、阅读态度等进行监督和指导,帮助学生养成习惯。随着集体阅读时间和次数的增加,监督和指导可以逐渐放松,让学生不产生过多压力,让他们自主地体会阅读的乐趣。

### 2. 压缩课内阅读时间

  在进行访谈时发现,无论是学生还是老师,在提及阅读时间的限制条件时,更多地提到课内学习的压力。从教师角度出发,由于语文学科课时一定,教学内容相对丰富,故而教师会对延伸式阅读的教学以及集体延伸式阅读活动感到心有余而力不足。从学生角度出发,尽管"双减"政策已经落地,但迫于当下社会的整体压力,学生难免会花大量时间在课内作业上,加之大量的兴趣特长学习,导致阅读时间缺乏。

  所以要让学生有足够的时间进行课外的"延伸式"阅读,就要适当地减少课内阅读的时间,减轻学生的课业负担与压力。这也对教师提出了更高的要求。要求教师能够更仔细地钻研教材,精准把握教学重点，依据学生的差异性精准锁定教学难点。要求教师不断完善自己的教学方法使之与学生相适应，从而使课堂效率得到有效的提升，节约课堂时间，压缩教学内容的课时，这样也就为学生争取到了更多的阅读时间。

教师可以每周"压缩"出一节课的时间，将其作为补充的集体阅读或者阅读交流、分享会。学生可以将自己一周的阅读成果、感受等进行展示和分享，也可以将自己好的阅读方法与同学分享。开展形式应尽量丰富，例如汇报、编演舞台剧、角色扮演、视频成果展示等。教师作为活动的组织者，要根据学生的表现内容和情况进行指导，既要避免影响正常的教学进度和教学效果，又需要保证阅读时间尽量充足，使阅读活动开展得更有效。

（三）营造宽松氛围，消减延伸式阅读压力

1. 尊重学生兴趣，扩大阅读内容的选择范围

著名儿童文学研究者汤锐教授曾言：促进小学生积极阅读的是他们的好奇心，他们不只要从作品中看到他们自己，更是将阅读文学作品看作一种愉快新奇的冒险经历，在阅读中经历与自己平日截然不同的生活体验和情感体验。

但也要看到，当代的文学作品良莠不齐，不少"灰色读物"在无形中悄悄潜入孩子们的生活中。因此，对于学生阅读文本的选择，在让他们结合延伸"议题"和自我兴趣自主选择的同时，家长和教师也不能完全放手。教师和家长需要从两个方面来综合判断学生选择的延伸式阅读文本，即读物本身固有的内在属性和读物的外在标准。

从读物本身所固有的内在属性看，一本好的读物应该有客观

的、内在的价值。也就是说,阅读文本内容的价值不依附于除它本身之外的其他事物。它对读者具有内在的吸引力,能给读者带来思维的快乐、精神的愉悦、审美的享受等,而不是如外在的物质奖励或名誉、地位等。好的读物自身内容必须具有合理性,如果一本书蔑视人类社会基本的道德观、价值观,宣扬反社会、反人类、反道德的思想倾向,传播色情、暴力,教唆犯罪,那绝对不能出现在孩子身边,更不能作为学生延伸式阅读的文本。

从外在的标准看,好的阅读内容应该与读者原有的知识基础和现在的发展水平相适应。从群体方面看,阅读文本需要符合某一年龄阶段绝大多数学生的心理特点。阅读内容应该"有点难",但这也不代表阅读内容语言表达晦涩,而是阅读内容本身的抽象性、丰富性、深刻性等引起的"难读",其表述也可以是简洁明朗、平实无华的。读物内容应该是"有趣的",这也并不只是学生被书本中的画面吸引,注重故事内容的新鲜、情节的离奇、描述的生动等,同时也应该适合小学生个体。适合个体,强调好的读物应是能切合个体独特性的兴趣、爱好与需要的书籍。

2. 减轻阅读负担,让学生轻松享受阅读的乐趣

进行阅读活动对小学生来说原本应该是一件乐事,但目前许多学生将它视为一种压力,从内心排斥阅读。其原因很大程度上是不少家长和教师为延伸式阅读增添上了"功利"色彩,人为地为学生套上了无形的"枷锁"。为了让延伸式阅读为学习成绩"服务",便让学生用固定格式完成读书笔记并且要求他们背诵,以便于在考试作文中写出来。除此之外,学生被要求频繁地分析好词好句的作用与意义。但这样的方式只是安慰了家长和教师,学生并不能达到他们所期望的目标。绝大多数学生对变了味的阅读嗤

之以鼻。

其实阅读本身就是随心的、自由的,应尽量降低阅读的功利性。延伸式阅读所追求的阅读成果其实也是期望达到"无心插柳柳成荫"的状态,让学生热爱汲取新知,激发学生的求知热情,拓宽学生的视野,培养学生的思维。因此大可不必让学生在进行延伸式阅读时处于过重的学习负担中,放松一些,或许能让学生收获更多。

3. 允许各抒己见,珍视学生独特的阅读体验

阅读之所以充满魅力,就是因为不同人能从同一本书中感悟出不同的东西来。不同的人生经历、不同的阶层、不同的年龄都会影响人们在阅读时的体验感受,故而学生在阅读时产生不同的感受是一件十分正常的事情,有些学生的理解角度可能与寻常有所不同。对待同一件事件的态度可能也与大多数学生不一致。面对独特的理解,许多家长和教师采取了否定、打击的态度,而这一举动可能恰恰抑制了学生阅读的动机和兴趣。因此教师与家长在和学生沟通阅读成果时一定要持有谨慎、开放的态度。面对学生在阅读时产生的不同理解感悟,教师与家长需要用心倾听他们产生此理解的原因,尽量给予支持与鼓励。若其思想需要纠正引导,也应该先表扬其能勇敢表达自己的想法。当他们的体悟有本质上的错误时,教师与家长也要在沟通交流的基础上积极引导。

总之,学生在阅读中的各种不同感悟,恰是他们的真情流露,面对个性的表达,教师需要宽容一些,冷静一些,不要过于敏感,也不要轻易地进行指责或否定,更不能生硬地纠正,以免打击学生的阅读兴趣和热情。

# 第六章 课例分析

## 统编版小学语文一年级下册
## 《快乐读书吧：读读童谣和儿歌》课例

### 一、课例描述

师：同学们，你们一定都喜欢童谣和儿歌，也听过、学过不少吧，请你选一首喜欢的童谣或儿歌背给大家听听吧。

生：在我读幼儿园的时候，妈妈就教我背诵了儿歌《小老鼠》，我来背给大家听。

生：我要背的儿歌是《小白兔》，小白兔是我最喜欢的小动物。

师：同学们，老师看到你们在背诵童谣和儿歌的时候，脸上都洋溢着笑容，看来童谣和儿歌给你们都带来了不少乐趣呢。今天我们要学习《快乐读书吧：读读童谣和儿歌》，一起来分享快乐吧！像刚才两位同学分享的儿歌一样，有节奏，读起来很好听的童谣、儿歌还有很多，打开课本自己先读一读吧。

（一）学习童谣——《摇摇船》

师：同学们，《摇摇船》是一首传统童谣，妈妈们会在哄孩子入睡时,一边摇着摇篮一边轻声念着它。有一首名为《摇啊摇,摇到外婆桥》的歌曲,和这首童谣很像,我们一起来聆听它的美妙旋律吧。

(播放音乐,师生听歌曲。)

师:读读童谣的题目,你有什么想了解的吗?

生:我想知道是谁在摇船?

生:读了题目,我不知道他要摇船去哪儿?

生:读了题目后,我很想知道他是怎么摇船的呢?

……

师:同学们真是太聪明了!能够针对这首童谣提出如此丰富的问题。让我们一起来阅读这首童谣,看看它是否能够给我们带来有价值的启示。

(教师出示学习要求并明确:① 借助拼音读准童谣。② 和同桌比比谁读得更准确。③ 带着疑问重新读童谣,看谁能够更有效地解决问题。④ 看谁还能提出新的问题。)

(学生按要求自学童谣。)

(学生汇报交流:① 学生自由读,教师纠正读音。② 学生回答问题,教师引导补充,提醒学生回答问题要完整。)

① 谁在摇船?

生:读了这首童谣,我觉得是小朋友自己在摇船。

② 他要摇船去哪儿?

生:读到"一摇摇到外婆桥"我就知道小朋友要摇船去外婆家。

③ 他是怎么摇的呢?

生:"糖一包,果一包,还有饼儿还有糕。"这句话告诉我,外婆家有很多好吃的等着他。就像我,周末很期待去外婆家玩,因为外婆总会烧我喜欢吃的菜,所以我猜想小朋友一定很用力、很急地摇着船,想要快点到外婆家里。

④ 你又产生了什么新的问题?

生:老师,我很想知道外婆为什么叫"我"好宝宝。

师:你提出了一个很好的问题。请同学们都思考一下,你们的外婆都什么时候叫你好宝宝呢?

生:当我表现好的时候,有时候我会帮大人做家务,外婆这时候会夸我是个好孩子,这跟"好宝宝"是一样的吧。

生:当我认真完成作业,题目全对的时候,外婆会表扬我,说我是个聪明的孩子,我想,这跟童谣里面的"外婆叫我好宝宝"是一样的意思吧。

师:没错,你们的观点都非常正确。这样乖巧的孩子,外婆怎么会不喜欢呢?

生:老师,我很想知道"我"摇船去外婆桥,怎么会摇出那么多好吃的?

师:哦,原来是摇船,但为什么会摇出美味的食物呢?跟同桌一起讨论一下。

生:我读了童谣后觉得可能是因为外婆知道"我"今天会来外婆家,知道"我"喜欢吃这些零食,所以提前准备好了这些美食。

师:同学们,当你摇船到达外婆家时,看到满桌美食,你有什么感受?让我们一起通过朗读感受一下,并且用动作表达出自己此刻的心情。

师:《摇摇船》这首童谣节奏美,语言美,让我们拍手读一读《摇摇船》。

师生边做动作边背童谣。

(二) 学习儿歌——《小刺猬理发》

(课件出示第二首儿歌,学生认读题目和作者。)

师:同学们,读读题目,你有什么问题要问吗?

生:老师,读了儿歌,我很想知道小刺猬为什么要去理发。

生:老师,儿歌里面没有说谁给小刺猬理的发,我很想知道?

生:老师,我很想知道小刺猬理完发漂亮吗?

……

师:同学们,请大家用刚才学到的方法,边拍手边读一读这首儿歌,并想一想以上问题,看看能不能从儿歌中找到答案。

(教师出示学习要求并明确:① 借助拼音读准儿歌。② 和同桌比比谁读得更准确。③ 带着问题再读一读童谣,看看谁能更好地解决提出的问题。④ 看谁还能提出新的问题。)

(学生按要求自学儿歌。)

(学生汇报交流:① 学生比赛读儿歌,教师引导学生并随时纠正发音。② 鼓励学生积极思考并回答之前提出的问题,并帮助他们补充信息。)

① 小刺猬为什么要去理发?

生:老师,读了儿歌,我猜小刺猬头发一定是太长了,所以要去理发。就像我,每次头发长长了,快挡住眼睛时,妈妈总会带我去理发店剪头发,说是怕影响我看书写字。

② 谁给小刺猬理的发?

生:老师,我平时去理发店都是专业的理发师来给我剪头发的,所以肯定是理发师给小刺猬理的发。

③ 小刺猬理完发漂亮吗？

生：老师，我猜想小刺猬理完发一定很干净、很漂亮。

④ 你又产生了什么新的问题？

生：为什么在儿歌的最后小刺猬变成了小娃娃呢？（教师适时提示。）

师：你真聪明，提出了一个有趣的问题。明明是一只小刺猬，为什么会变成一个小娃娃？谁能给出一个有用的答案？

生：老师，读了儿歌我才知道"小刺猬"本来就是一个小娃娃，就是头发长长了，看起来才是小刺猬的。

师：同学们，你们见过吗？当男生的头发长长了，看起来就会像小刺猬一样。在你的生活中，见过谁的头发长得像小刺猬一样呢？你觉得这样好看吗？（出示图片：刺猬头的小男孩。）

生：班级里的男生头发很长，体育课以后头发湿湿的，往后一拨弄，头发竖起来，就像个小刺猬。

师：是的，男生如果头发长了就需要理发，但是如果女生头发长了却一直没有理发，应该怎么办呢？

生：老师，我觉得女生要留长头发的话，平时一定要勤洗头。

师：现在天气变暖，小朋友们的头发变得越来越长，这不仅会让额头和脖子更容易出汗，还可能滋生小虫子。如果不及时处理，这些长出来的头发可能会进入眼睛，导致视力受损。因此，为了保护自己的健康，请务必定期进行洗头和理发。

生：小刺猬是怎样理发的？

生：去理发店理发，告诉发型师你的要求就可以了。

师：同学们，你们一定有过去过理发店理发的经历吧，回想一下，理发师是怎么给你理发的？

生(女生)：我去过理发店,会先洗头,妈妈会告诉理发师要求,然后他给我剪头发。

生(男生)：剪头发的时候会用剪刀和电动理发器,先剪短头发,然后再用电动理发器剪短耳后和后脑勺的头发。

生：剪刀会发出"嚓嚓嚓"的声音,电推会发出"滋滋滋"的声音。

(根据学生回答出示词语"嚓嚓嚓",引导学生在说话的同时进行动作练习。)

师：同学们都非常认真地学习,不仅能够从儿歌中提出问题,而且还能够解决这些问题。看,小刺猬在理发之后变得更加整洁漂亮,所以我们应该经常洗头理发,以便健康、美丽地成长!

(教师指导学生比赛背诵儿歌。)

(学生听儿歌,边跟着做动作边唱。)

(三) 分享与阅读

师：同学们,你们一定很喜欢童谣和儿歌,那大家喜欢它们的原因是什么? 能不能说一说,来交流一下。

生：我喜欢童谣和儿歌。《摇摇船》读起来朗朗上口,很轻快,童谣的内容也跟我的生活接近,所以我很喜欢。

师：同学们,你们知道吗? 很多童谣读起来朗朗上口就是因为押韵。(教师解释何为"押韵"。)大家发现了吗?《摇摇船》这首童谣是押韵的,它的每一行最后一个字的韵母都是"ao",读起来具有节奏美,所以我们读起来就觉得轻快、上口。

师：同学们,还有很多儿歌是可以边做游戏边唱的,特别有意思。老师带来了一首儿歌,我们一起来边做游戏边唱一唱。

(教师出示儿歌《丢手绢》和课文插图,引导学生观察。)

师：大家仔细看，图上的小朋友在干什么？说了什么呢？

生：小女孩在背诵她学过的童谣。

师：同学们，你们一定也读过、听过很多有趣的童谣和儿歌，接下来我们进入"童谣儿歌大PK"环节，我们分小组比一比，赛一赛。

（学生小组竞赛。每组随机抽选一人上台展示自己准备的童谣或者儿歌，可配上动作或者唱出来。投票评选最受大家喜爱的童谣或儿歌。）

师：哪位同学来说一说，图片上的男生在做什么呢？

生：小男孩在跟同学商量换书看。

师：是的，与他人分享阅读是一种快乐。让我们一起分小组，像书中的小朋友一样，与大家一起分享！

（教师出示书上的泡泡提示语，四人一个小组，组员互相介绍自己准备的书籍，并自愿交换。）

生：我有一本书，里面有童谣和儿歌……

师：有趣的童谣和儿歌可多了。这六周，我们将一起走进童谣和儿歌的世界，读一读《摇摇船》《小刺猬理发》和其他与童谣儿歌有关的书籍。如何合理安排时间，保证阅读效果呢？阅读计划少不了，老师推荐两种计划书制作方法。

1. 表格式阅读计划

**《摇摇船》《小刺猬理发》阅读计划安排表**

| 阅读周期 | 书目安排 | 每日阅读篇目 | 每日阅读时长 | 每日阅读效果 |
| --- | --- | --- | --- | --- |
| 第一、二周 | 《摇摇船》 | 周一：（　　） | （　　）分钟 | ☆☆☆☆☆ |
|  |  | 周二：（　　） | （　　）分钟 | ☆☆☆☆☆ |
|  |  | …… | …… | …… |

续　表

| 阅读周期 | 书目安排 | 每日阅读篇目 | 每日阅读时长 | 每日阅读效果 |
|---|---|---|---|---|
| 第三、四周 | 《小刺猬理发》 | 周一：（　） | （　）分钟 | ☆☆☆☆☆ |
|  |  | 周二：（　） | （　）分钟 | ☆☆☆☆☆ |
|  |  | …… | …… | …… |
| 第五、六周 | 自选童谣儿歌集，如《读读童谣和儿歌》…… | 周一：（　） | （　）分钟 | ☆☆☆☆☆ |
|  |  | 周二：（　） | （　）分钟 | ☆☆☆☆☆ |
|  |  | …… | …… | …… |

2. 时间轴式阅读计划

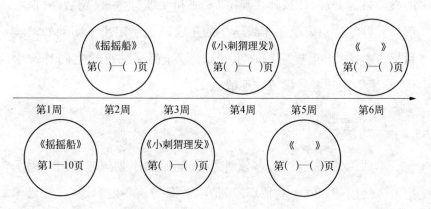

3. 根据自己的喜好，选择喜欢的形式，做一张属于自己的阅读计划表。

## 二、课例分析

（一）议题的确定

《读读童谣和儿歌》是统编版语文教材一年级下册第一单元

"快乐读书吧"的主题,该教师抓住了第一单元童谣与儿歌的特点,将"童谣和儿歌"作为本节课的核心议题并进行拓展延伸,旨在激发学生阅读童谣和儿歌的兴趣,产生阅读童谣和儿歌的欲望,以此引发学生对此类读物的兴趣。在学习了第一单元的内容后,学生已经学习了不少童谣和儿歌,在此基础上该教师借助"快乐读书吧"中"读读童谣和儿歌"的主题适当地引导学生尝试开展简单的自主阅读,有利于课内外阅读的紧密结合,便于实现阅读课程化的目标。

议题是开展延伸式阅读教学的关键,议题决定着阅读活动重点关注的内容和教学目标的指向。延伸式阅读教学需要围绕明确的教学目标开展,该教师在确定"童谣和儿歌"这一议题后,根据童谣与儿歌的特点以及一年级学生的年段特征制定出了明确的教学目标。本课中《摇摇船》和《小刺猬理发》都很贴近学生们日常生活,学生们比较容易学习和理解。

(二) 文本选择与任务设计

本课例共有三首儿歌,分别为《摇摇船》《小刺猬理发》和《丢手绢》。《摇摇船》和《小刺猬理发》是本节课的核心内容,其教学目标在于引导学生在借助拼音的基础上读懂儿歌并纠正学生的发音,鼓励学生在阅读中发现问题并积极思考和回答,教师帮助学生补充信息,激发学生的阅读兴趣。第三首儿歌《丢手绢》仅呈现了内容,该教师借此让学生们一起来边做游戏边唱一唱,目的在于帮助学生感受童谣的押韵美和节奏美,进一步巩固阅读学习的效果。

首先,文本的选择具有合理性,以《摇摇船》和《小刺猬理发》为教学的中心,两首儿歌的教学要求清晰明确,但所选取的儿歌导致猜测的依据较为单一,主要表现为学生进行预测时均是基于题目猜测儿歌的内容。

其次,在任务设计上整体难度适中,两首儿歌的任务设计总体围绕"猜—读—问—答"的形式进行学习,引导学生读题目猜内容,鼓励学生大胆提出遇到的问题,并通过阅读、观察、讨论等方式来解决问题,从而实现延伸式阅读教学的目标,最后再出示一篇儿歌供学生巩固学习。

(三) 教学过程与解读评析

1. 导入部分

在经过第一单元关于童谣和儿歌的学习之后,教师请学生选一首自己喜欢的童谣或儿歌背给大家听听,既给了学生阅读展示的机会,也能起到巩固已学知识的作用。但这种导入方式比较单调,无法快速吸引学生的注意并激发学生的学习兴趣。而且一上来就让学生做展示,可能有的学生还没有完全投入学习中来,无法及时做出回应。建议教师先通过创设情境引导学生自主回顾童谣和儿歌的学习内容,再给予学生一些时间和机会去展示自己的学习成果。

2. 新授部分

教师通过一首与《摇摇船》很相似的歌曲《摇啊摇,摇到外婆桥》,将学生带入本节课的儿歌学习。教师请学生通过题目提出自己的疑问,然后带着问题读儿歌,看是否能有效地解决问题,这在很大程度上引发了学生阅读童谣的兴趣。在学生自由读的过程中,教师适时地进行读音的纠正。在学生交流和回答问题时,教师引导学生结合自己的生活经验进行思考,并针对学生的回答进行了评价和补充。学生通过延伸式阅读教学能够自主发现问题,能通过自主阅读、观察、讨论等方式积极思考和探究,并在课堂上分享自己解决问题的方法,符合语文阅读教学的要求。

3. 分享阅读

教师通过询问学生喜欢儿歌的原因来带领学生总结童谣和儿歌的特点,感受童谣和儿歌的押韵美和节奏美。教师出示第三首儿歌《丢手绢》的内容,带领学生一起来边做游戏边唱一唱,接下来组织学生分组合作参与"童谣儿歌大PK",每组随机抽选一人上台展示自己准备的童谣或者儿歌,最后投票评选最受大家喜爱的童谣或儿歌。这一环节的设计既有利于深入巩固本节课的学习内容,又极大地激发了学生的兴趣和参与阅读展示的积极性,是个一举两得的好方式。最后教师介绍了两种阅读计划书的制作方法,并鼓励学生根据自己的喜好,选择喜欢的形式做一张属于自己的阅读计划表。

(四)存在的问题或教学建议

通过对教学过程的整体分析可发现,教师在授课的过程中善于引导学生主动发现问题并通过阅读、观察、讨论等方式积极思考解决问题,能够带领学生总结童谣和儿歌押韵且有节奏感的文体特点并学以致用,能够关注学生在借助拼音的基础上读懂儿歌并纠正学生的发音,同时也鼓励学生制作阅读计划单,培养良好的阅读习惯。但进一步剖析也会发现存在如下问题:

第一,课例仅包含教学过程,缺少学情分析等背景性内容。一年级学生有着年龄小、注意力不够集中、识字量少等特点。教师在开展延伸式阅读教学之前应该充分分析学情,根据学生特点并结合一年级统编版语文教材中"和大人一起读"栏目选取难度适中、文段容量合适、能引起学生兴趣,同时又能为课内学习的阅读技能做拓展铺垫的文本。本课例中,教师仅展示了教学的过程而忽视了学情分析的重要性,教师是否考虑了不同学生的不同实际需求、选取的文本能否激发学生的阅读兴趣,这些问题都需要教师根据学生的特点做好分析。

第二,延伸的文本过于简单、类型单一。《摇摇船》和《小刺猬理发》均是基于"快乐读书吧"栏目中推荐的儿歌和童谣,缺乏多元性和趣味性,对于引发学生阅读兴趣的效果不佳。教师仅采用教材中面向全体学生的推荐内容,局限于"快乐读书吧"进行阅读延伸会导致选择的文本难以满足学生的个性化需求,使得学生的阅读内容与选择被窄化,易造成部分学生因没有读到感兴趣的内容进而淡化了对阅读活动的兴趣,降低了参与的积极性和主动性。

第三,教学方式比较单调,无法持续吸引学生的注意并激发学生的学习兴趣。儿歌和童谣需要学生首先能理解,然后还要学生诵读积累,所以对于儿歌和童谣类的文本一定要多读、精读。怎样保证学生在多读、精度过程中始终保持兴趣,需要教师在教学方式上做到多样化、趣味化。课例中教师播放音乐《摇啊摇,摇到外婆桥》,让学生聆听美妙的音乐感受《摇摇船》这首传统童谣。这是因为童谣节奏感强,韵律十足,学生通过配乐朗读可以更好地感受语言的节奏感、韵律感。但仅采用配乐的教学方式未免过于单一,无法保证始终保持学生的阅读兴趣。除了配乐之外,教师还可以借助多种方法激发学生的阅读兴趣,比如巧用动画和影像中与儿歌童谣相关的内容,也可以将动画和影视放在课堂的结尾部分介绍或播放,激发学生的阅读兴趣,深化延伸式阅读教学效果。

## 统编版小学语文二年级下册
## 第四单元儿童诗延伸阅读课例

### 一、课例描述

**【课前两分钟】**

生:大家好,我是今天的儿童诗小达人,今天我和大家来分享自己写的儿童诗。我很喜欢我们的学校,尤其喜欢美丽的明兰亭。春天,美丽的桃花开了,微风吹过,他们摇晃着脑袋,绽开灿烂的笑脸,我也欣喜极了。我把我看到的写成了一首小诗,和大家一起来分享!我觉得明兰亭很美,请大家美美地和我一起读一读!

> 在美丽的明兰亭
> 柳树们摇动着脑袋
> 请同学们来参观
> 在桃树上
> 美丽的桃花红了脸
> 又粉——又嫩

如果还有机会,我还会把明兰亭其他季节的美景写下来,也希望同学们能将眼中的美景来和我分享。

师：让我们用掌声送给今天的儿童诗小达人。

**【教学过程】**

(一) 学习回顾——回顾旧知,谈学习收获

师：小朋友们,这个学期我们学习了不少儿童诗,比如说我们第八课学的《彩色的梦》。刚刚在课前两分钟的小舞台上,小朋友们也根据课文《彩色的梦》第三自然段的特点进行了仿写。

师：老师现在特别想听一听,经过这一段时间的学习,你觉得你收获到了什么呢？谁愿意来谈一谈你的感受？

生：我收获到了儿童诗里的好词。

师：你学会了积累,真棒。

生：我学会了自信表达。

师：自信地表达非常好,我们要将在儿童诗当中所看到的、感受到的积极大胆自信地表达出来。

生：我觉得儿童诗很有趣,也很美,我还收获到了如何把一首儿童诗读得美。

师：你学会了感受诗歌的美,传递诗歌的美,老师要表扬你是一个会读书的孩子。

生：我学习到了很多修辞的手法,收获了怎样把诗写得更美。

师：你知道了怎样用一些修辞的手法使我们的描写更加生动。

师：刚刚我们在课前两分钟的时候就看到小朋友将我们的诗自信大方地展现出来了,非常棒。虽然第八课的学习已经结束了,但是不代表着我们阅读儿童诗的这一段精彩的旅程要结束

了。今天肖老师为大家带来了一本优秀的儿童诗诗选,想要推荐给大家。

(二)整本书阅读推荐

1. 引入书籍,看封面提取信息

师:先请小朋友来观察一下这本书的封面,说一说你知道了哪些信息。

生:这本书叫《金波儿童诗选》。

师:这是这本书的题目,火眼金睛。

生:我知道了这本书的作者是金波。

师:你们看,作者来和我们见面了(出示金波的图片),那么我们的小朋友可以怎么亲切地来称呼他?

生:我们可以称呼他金波爷爷。

师:让我们一起来友好地和他打个招呼吧。

生:金波爷爷好。

师:你还知道了什么?

生:我还知道这本书是人民文学出版社和天天出版社一起出版的。

师:你还知道了出版社,非常棒。还有吗?

生:我还从封面知道了这本书是跟封面上的小孩有关系。

生:觉得它里面的内容可能跟季节有关,因为书的背景色彩很鲜艳。

生:我觉得会和某些小动物有关,封面上就有一只在飞翔的燕子。

生:我觉得这本书和小朋友有关,因为这本书的题目就叫《金波儿童诗选》。

师：你关注书籍的名称，还留意到了封面上的插图，你很会观察。其实一本书除了文字之外插图也能够给我们很多的信息。你们猜得很合理，小朋友猜一猜书籍封面，提取到很多的信息。那么老师就要来揭秘了。其实这本书精选了金波爷爷的 114 首儿童诗，诗集中有果园童谣、鸟语花香、彩色的生活、记忆与祝福，刚刚我们的小朋友也提到了，里面抒发了诗人对大自然的热爱和赞美，有的叙述了儿童的生活，就是刚刚我们两位同学说过的，这本诗集表现了孩子的天真和可爱。

2. 阅读方法指导

(1) 谈过往阅读经历，了解阅读方法。

师：怎么来读书呢？我们请小朋友先来谈一谈自己的经历，我们先来感受一下，把你的经验来和大家分享。

生：我们可以先到目录里面翻一翻，读读诗的题目，然后再猜一猜大概内容。

师：他说我们先来看目录，我们之前读书时也有讲到这一种方法，先翻目录，那么读这本书的时候，我们可以先找一找自己感兴趣的诗去看一看，并且还可以先猜一猜诗歌的内容，相信这样你会有更多的阅读期待。

(2) 方法一：制订阅读计划。

师：我们刚刚讲了阅读整本书的一些通用的方法。接下来，老师也有阅读整本书的小法宝送给大家。第一件法宝就是我们的阅读计划，好的阅读计划，就像一位我们身边的小老师，时时刻刻要督促我们。这是老师自己初定的一份《金波儿童诗选》的阅读记录卡。（出示阅读计划卡）

## 《金波儿童诗选》阅读记录卡(第__周)

| 序号 | 题目 | 自我评价 | 时间 | 备注 |
|---|---|---|---|---|
| 1 | | ☆☆☆ | | 1. 有计划地读,每天读2—3首自己喜欢的诗歌。 |
| 2 | | ☆☆☆ | | 2. 做好记录和评价: |
| 3 | | ☆☆☆ | | ① 能正确地读,画1颗星; |
| 4 | | ☆☆☆ | | ② 能流利地读,画2颗星; |
| 5 | | ☆☆☆ | | ③ 能诵读或谈谈自己的阅读感受,画3颗星; |
| 6 | | ☆☆☆ | | 3. 爱护图书,读书前先洗手,读书后将书整齐地收好 |
| 7 | | ☆☆☆ | | |

师:我们可以看一看,有谁还记得刚刚老师提到的消息,这本书里面有几首诗?好,我觉得举手的小朋友都是认真听讲的。

师:这本书一共有114首诗。好,那么如果老师计划要在7周内读完的话,我们可能平均每一周要读到几首诗,有没有数学棒的小朋友来算一算。

生:一周要读16—17首。

师:你是个数学小能手,真棒。那么我们一周有7天,平均下来每天就要读2—3首。我们可以根据自己的读书需求来做一些备注。告诉自己要有计划地读一读。还要做好记录和评价,比如我能读正确吗?如果我能读正确,我要给自己1颗星。

生:如果我能读流利,我要给自己2颗星。

生:如果我能够诵读或者谈谈自己的感受的话,我可以给自己3颗星。

师:是的,如果给自己定好标准,我们就能使自己的阅读更有效了。

师：还有一个很重要的要求。我们之前在快乐读书当中讲过的,我们要怎么样来爱护我们的书籍——读书前要洗洗手,读完书以后要整齐地收好。我们要爱惜我们的书籍,它教会了我们本领和知识,我们要爱护好它。

(3) 方法二：感受文体特点,多种方式朗读。

师：接下来,老师要介绍第二个小法宝了。我们知道诗歌有很重要的特点,将诗歌跟普通的课文来比较,你觉得有什么不同？

生：我觉得我们课文比较长,而儿童诗是比较短的。

师：是的,诗歌的语言非常的精炼。

生：我觉得儿童诗,它每一句都会比较押韵。

师：儿童诗通常会有押韵,有节奏感,读起来朗朗上口,特别适合诵读。金波爷爷的儿童诗也一直有着对音乐性的艺术追求,他的多篇作品也被收录进了音乐书呢,所以金波爷爷的诗选书籍,不仅要看,更要……？

生：更要多读。

师：看来你已经掌握了这一类文体的阅读特点了,非常棒。所以我们读的时候一定要想怎么样好好地去读一读。那么接下来老师精心挑选了我们这本书当中的一首,请小朋友来读一读。有哪位小朋友愿意来展示给大家,把儿童诗读给大家听一听。

(学生读诗。)

师：你已经能把诗歌读正确,还能读流利了,那么如果你课后或者是课下还能跟同学来交流你的阅读感受,就能得到3颗星了。

师：其实我们不要拿到一本书很厚就觉得很困难,我们只要掌握到这一类书的阅读方法,一点都不难,首先要读好它。那么其实老师还有一种读,比如说我们可以再挑选一些你觉得适合它的音乐来读,这样的感觉就更不一样了。接下来老师给大家带来一段舒缓的小音乐,请你们配乐读一读。

(学生读诗。)

## 湖

这里的风景最美:
林中有一池圆圆的湖水,
它亮得像面镜子,
它绿得像块翡翠。
微风吹过湖面,
波纹一圈追着一圈,
好像一张发光的大唱片,
在林中草地上旋转。
你听,这里播送出
多么好听的音乐:
蟋蟀弹琴,
小鸟唱歌。
啄木鸟敲着木鱼,
嘟嘟嘟,嘟嘟嘟;
青蛙打着小鼓,
咯咯咯,咯咯咯!
假日里,我们常坐
在湖边,
手里捧着新摘的
野果,

一面吃着野果，

一面听着这美妙的

音乐。

师：读得真好。读了这首诗能谈谈你的感受吗？

生：我觉得这首诗很美。而且我觉得诗人写得很好，他把湖面当作了唱片。这首诗歌里的小青蛙特别有意思，还会唱歌呢！

师：他留意到了这个文章当中丰富的修辞，我们的万事万物都好像有了生命一般那么可爱，那么亲切，平易近人。这些表达都使得诗歌更加生动了。刚刚我们配乐朗读，还谈了自己的感受，如果我们能一边读，一边想象画面，就更好了，如果你能做到这些，就可以在自己的阅读卡中做3颗星记录了。

(4) 方法三：不动笔墨，不读书。

第一，积累表示声音的词语。

师：我们在阅读过程当中可以用上哪些小技巧来使我们的阅读更有效？我们经常说不动笔墨不读书，我们要进行阅读积累。今天老师要跟大家讲到的第二个非常重大的法宝，就是我们写一写，要进行阅读积累。诗歌类的书籍，有很多值得我们积累的词语，比如描写声音的象声词。你们再来自由读一读这首诗，找一找这当中有哪些象声词？

生：嘟嘟嘟。

师：非常好，因为啄木鸟会帮大树爷爷捉害虫，啄木鸟医生捉虫很专业，它动作迅速有力，所以用上了嘟嘟嘟的声音。

生：还有咯咯咯。

师：是的，小青蛙的叫声大家听过吧，是不是就是这样的声音呢！用上象声词使得我们的诗歌有了声音，语言就更加的生动了，我们也可以就要积累好这些词语。

师：除了这首诗，还有其他诗当中也有象声词吗？它们都是用来形容哪些声音的？《金波儿童诗选》这本书当中还有哪些描写声音的词语？给小朋友留个悬念，回去自己找一找，积累起来。

第二，积累色彩鲜明的词语。

师：接下来，老师希望你们积累的第二种词语是色彩鲜明的词语。这个世界是有声有色的，《金波儿童诗选》这本书当中关于颜色的词语有很多，比如"碧绿、绿色、粉红色、鹅黄色、青、玫瑰色、通红通红"等。金波爷爷眼中的世界是多彩的，老师没有列举完，这当中颜色非常多，所以我们的小朋友刚刚说我们要积累，那么我们可以将这一些表示颜色的词语摘抄下来，可不可以？

师：诗应该有"自己的声音和颜色"，如果你也能像金波爷爷一样留意身边事物的声音和颜色的话，那你就能为我们描绘一个有声有色的缤纷世界。

第三，积累有意思的句子。

师：还记得我们第八课《彩色的梦》吧，我们模仿第三自然段的时候，让大家关注了比喻和拟人的修辞手法。我们在阅读《金波儿童诗选》的时候，也可以关注丰富的修辞。金波爷爷非常擅长运用大量的比喻、拟人、排比、夸张等修辞手法，让大自然当中平凡无奇的万物也有个性与情感，具有强烈的艺术特色。如果你在阅读的过程当中发现了这些有意思的句子，也可以将它写下来，积累下来。

师：老师给大家带来了这本书当中的这首诗。请小朋友先自己读一读，我再请一个小朋友来读一读《亮晶晶的春雨》。

（学生读诗。）

**亮晶晶的春雨**

春雨迈开它轻快的脚步，
向着山坡、向着田野奔跑，
它要去洗净冬天的尘埃，
给山野换一件青翠的新袄。
它要去催种子发芽，
催果树开花，
催渠水快快流淌，
催小树快快长大……春雨停下了它的脚步，歇息在我们的房檐下：它摇起亮晶晶的雨铃，把春天的歌儿唱给大家。

师：这首诗是不是特别有意思？你留意到这其中丰富的修辞手法了吗？

生：这首诗把春雨当成了人来写，我感觉春雨像个活泼的小姑娘，着急把万物唤醒。

生：我也觉得春雨迫不及待地让大家都陪她一起呢！诗里面写了三个"催"，我想春雨姑娘确实很着急把好消息告诉大家呢！

生：金波爷爷还把春雨发出的声音和春雨透亮的样子比作了雨铃，让我也特别想去看一看春雨，听一听春天的声音。

师：你们知道吗？像这样有趣的诗句在文章当中数不胜数，我们的小朋友想不想自己来阅读？愿意的小朋友举小手。非常棒，好，把我们的小手放下。希望你们能把金波爷爷描写多彩世界的精彩语句收集起来，变成自己的宝贵知识积累。

第四，仿写儿童诗。

师：其实我们也可以把自己想写的写下来。还记得我们在语文园地三当中进行的仿写吗?我们在第八课当中进行了第二、三自然段的仿写。我们写了很多诗,对不对?我们在这个课前两分钟的舞台上也进行了展示,那么这个活动我们还将持续地进行。小朋友可以挑一篇自己在这本书当中最喜爱的一首诗,然后来进行模仿,写一写,看看你能不能成为一名优秀的小诗人。但是老师的提醒是我们暂时不要太着急去写,我们在积累的基础上去仿写。你们还记得吗?谁来说一说。

生:要积累象声词。

生:要积累表示颜色的词语。

生:还可以积累自己觉得有意思的句子。

师:所以小朋友在积累的基础上可以进行模仿学习,再来创造写一写,这样会使我们的阅读更有方向,更有针对性。

师(出示学生作品):你们看,这是我们之前小朋友写的诗歌中的优秀作品之一,那么除了要写好,还需要些什么?

生:还可以配上合适的画。

师:老师发现上一次的诗歌仿写有一个小问题,小朋友很擅长写的说的,但不太一定擅长画。我们这次可以两两组合,你去找一个绘画好的小伙伴,你去找一个写诗写得好的小伙伴,两个人商量一下写些什么,再画些什么,会使我们的诗更加丰富精彩,课前两分钟也可以两个人一起来介绍分享。

(三)制订个人阅读计划

师:好,最后我们要来进行我们的阅读计划制订了。这是老师做的一个阅读计划,如果是老师来制订计划,会这样来制作。按一周七天这样的一个顺序来进行计划,然后我会做一些备注提醒自己,我计划每天两首诗,然后做好评价,在下面积累好词。接下来同桌讨论下,你们打算如何制订自己的阅读计划?不一定跟老师一样,老师只是列举了你们要共同遵守的一些阅读计划而已,可以说一说。

(学生和同伴一起根据老师的提示商量制订自己的阅读计划。)

师:刚刚老师在下面就听到了不少好主意,请这一组同学来说一说你们打算怎么样来。

生:我们一天读两首以上的小诗,我们还打算在网上找一找这几首小诗听。

师:这是一个好主意,找找名家读的音频,去听听他的语音和节奏,模仿他们的语调。

生:我们打算听完后,自己再读三遍,还想做些积累。

师:你们有分工吗?你们能简单地介绍一下你们分工的打算?

生:我积累象声词、表示颜色的词。我还打算积累一些比喻句。我同桌积累一些夸张和排比的句子。

师:那你们一定要将自己的阅读卡相互交换学习一下,非常好。我觉得我们的小朋友是很有智慧的。还有哪些小朋友也想交流的?

生:我们打算根据计划每天读诗,并且做些约定。如果大声地朗读可以获得1颗星;能跟同学们分享的可以用2颗星;每天能读到两首以上,然后能跟家里人一起分享,可以获得3颗星。

师:非常好,我们小朋友有很有趣的想法。希望你们一定要按照计划和小老师对你们的监督来完成这一本书的阅读。请坐。

(四)课堂总结

(教师总结。)

师:那么最后老师有几句话要送给大家。金波爷爷对诗有一种与生俱来的喜欢,他从小就爱读,从古体诗到现代诗,可以说诗陪伴着他一生的成长。他也说过这样一句话,"诗能够使我们的生活更美好"。希望小朋友们爱上阅读,爱上《金波儿童诗选》这一本书,相信诗歌能让我们的生活更加美好。

## 二、课例分析

(一)议题的确定

议题是开展延伸式阅读教学的关键,该教师根据二年级下册第四单元第八课《彩色的梦》一文的特点,将"儿童诗"作为本节课的核心议题并进行拓展延伸。《彩色的梦》是一首充满童真、稚趣的儿童诗,描写了小朋友用彩色铅笔在白纸上画画时的丰富想象,表现了儿童对大自然的赞美与向往。儿童诗是一种符合儿童心理,抒发儿童情感,寄托儿童情趣,适宜于不同年龄段的少年儿童阅读、欣赏的诗歌。儿童诗的基本要素是儿童的感情、儿童的想象和儿童的语言。该教师抓住了儿童诗的这些特点,在确定议题的基础上选择了相符的文本展开阅读教学。

议题是阅读的核心,决定着阅读活动重点关注的内容和教学目标的指向。但本课的教学目标、教学重难点等内容却没有明确呈现。教学目标的确定是非常重要的,延伸式阅读教学需要围绕明确的教学目标开展,教师在确定议题后,要在充分阅读相关文本的基础之上,根据课内文本的特点制定出明确的教学目标。

(二) 文本选择与任务设计

基于"儿童诗"的议题,教师为学生们选择了一本优秀的儿童诗选集——《金波儿童诗选》作为延伸阅读的文本。《金波儿童诗选》精选了114首儿童诗,诗集中有果园童谣、鸟语花香、彩色的生活、记忆与祝福,叙述了儿童的生活,抒发了诗人对大自然的热爱和赞美。这本诗集展现了孩子的天真和可爱,内容与学生的实际生活相贴近,阅读起来既容易理解,又能极大地引起学生们的阅读兴趣。借助这本诗集的延伸阅读,该教师引导学生回忆过往的阅读经历,谈一谈自己学到的阅读方法,并结合这本诗集进行了更多阅读方法的指导。目的在于借助延伸式阅读教学使学生能够在增加阅读量的基础上学习阅读策略和方法,并且能够将学到的阅读方法迁移到其他的阅读材料上。

在任务设计上,整体难度适宜。首先是教给大家如何制订阅读计划单。阅读计划能帮助学生时时刻刻督促自己进行阅读,好的阅读计划能使自己的阅读更加有效。其次,由于儿童诗通常很押韵,有节奏感,读起来朗朗上口,很适合诵读,所以教师就引导学生用多种方式朗读,带领学生一起感受儿童诗的文体特点。最后,鼓励学生在积累好词好句的基础上,从书中挑一首自己最喜爱的诗进行模仿写作,让学生学以致用,实现本节课的教学目标。不足之处在于没有关于学情分析的内容。学情分析是小学语文教师顺利开展延伸式阅读教学的关键环节之一,面对不同的学生要采用不同的教学策略。学情分析有助于帮助学生摆脱阅读障碍,培养阅读兴趣，真正发挥出延伸式阅读教学的作用。

(三) 教学过程与解读评析

本节课的教学过程可分为学习回顾、整本书阅读推荐、制订个人阅读计划、课堂总结四大部分。

1. 学习回顾

课堂一开始，教师就带领学生们进行了关于儿童诗的学习回顾，请学生们回顾旧知识，谈一谈自己的学习收获。教师通过带领学生复习之前课内的学习内容来为本节课的延伸教学做铺垫。但是在学生谈完收获后，教师没有给予系统的总结和反馈，而是快速进入了下一个环节。建议教师结合学生们的回答进行总结和补充，引导学生回想儿童诗的学习内容，总结出阅读儿童诗的策略，并给予学生更多的时间和机会用自己的语言表达他们对所学的阅读策略的理解。

2. 整本书阅读推荐

教师通过封面图片引入书籍，请学生通过观察这本书的封面来提取相关信息。通过书籍的名称以及封面上的插图，学生们很容易猜到《金波儿童诗选》是一本与大自然和儿童有关的诗集，极大地引发了学生们的阅读兴趣。接下来教师结合推荐书籍向学生们进行了阅读方法的指导。首先是引导学生学会制订阅读计划，阅读计划既可以激励自己读书，又可以让自己从中获得阅读的乐趣。其次，教师带领学生们朗读诗句，感受儿童诗短而精炼、押韵且富有节奏感的文体特点。最后，教师鼓励学生在积累好词好句的基础上尝试模仿写诗，真正把延伸式阅读课堂上的阅读策略学以致用。

3. 制订个人阅读计划

这一环节,教师先展示了自己制订的阅读计划单,并邀请学生和同伴一起根据老师的提示商量制订属于自己的阅读计划,然后进行展示和交流,教师根据学生们的情况给出适当的建议。

4. 课堂总结

这一环节,教师对本节课的内容进行总结,并表达希望学生们通过儿童诗的学习能爱上《金波儿童诗选》这一本书,爱上儿童诗,爱上阅读。

(四)存在的问题或教学建议

通过对教学过程的整体分析可发现,教师在授课的过程中能够引导学生抓住儿童诗押韵且有节奏感的文体特点进行有感情的朗读,能够关注词语积累,强调使用阅读计划单等阅读习惯的培养,符合语文阅读教学的要求。但进一步剖析也会发现存在如下问题:

第一,课例仅包含教学过程,缺少学情分析等背景性内容。

第二,延伸式阅读文本的选择质量和数量有待提升,可以根据儿童诗的特点多选择内容相符的文本,增加学生对于儿童诗阅读的兴趣。

第三,在授课的过程中主要采用问答的方式,教学活动单调,缺乏趣味性,不易激发学生的阅读积极性。

第四,延伸式阅读教学的时间安排不合理。预备环节中教师没有留出适当的时间做进一步的总结和反馈,而是快速进入了下一个环节。学习的回顾是为了帮助学生巩固加深课内已学习的知识,以便做好新旧知识的连接,因此小学语文教师必须合理分配延伸式阅读教学各个环节的时间,把握好延伸式阅读课堂教学的节奏。

## 统编版小学语文三年级上册
## 《13*胡萝卜先生的长胡子》教学课例

### 一、教学过程

(一)猜想导入,揭示课题

师:同学们,来瞧瞧这张图。请你猜一猜图片中可能暗藏了一个什么样的故事,并说说为什么这样猜。(板贴:猜测方法)

生:我猜这个故事讲的是一只小猪,本来没有翅膀,但是他想要飞。突然有一天,他吃了一粒魔法药片,就长出了一对翅膀,飞上了天空。我是根据图片猜的。

生:我看到题目《小猪变形计》后,我觉得可能讲了一只小猪变成不同的形态的故事,比如他长出翅膀,还有可能长出了别的东西。

生:我小时候看过动画片《变形金刚》,里面的主人公会变出不同的形态,我觉得小猪可能也是这样,比如他会变成一只飞猪。

师:同学们说得真好。上节课,我们学了不少预测方法,我们能借助这个故事的题目、插图,也可以结合生活经验和我们了解的知识去预测故事发展的情节,并通过深入的阅读去印证自己的预测是否合理。(板贴:预测、印证)。

师:这节课我们继续用这样的方式去读懂故事。看,故事主人公来了,你们认识他吗?

生：胡萝卜先生。（板贴：胡萝卜先生）

师：今天，我们就一起学习童话故事《胡萝卜先生的长胡子》，它是王一梅阿姨创作的（板书：13*胡萝卜先生的长胡子）

师：题目中有四个字要读轻声，谁来读读课题？

师：来，一起读课题。读了课题猜一猜故事里可能写了什么？

生：我猜故事可能讲了胡萝卜先生长了长长的胡子后发生的故事。

生：我猜胡萝卜先生的胡子可能很长很长。

生：也许胡萝卜先生的长胡子会给他带来烦恼。

师：预测是要有依据的，你能说说你的依据是什么吗？（板贴：有依据）

生：胡子太长肯定会有问题，我爸爸的胡子每次长长，他就会刮掉。

生：胡子长那么长肯定会遇到麻烦，生活中就是这样。

师：同学们真会动脑筋，你们的预测都是有依据的。接下来让我们运用这些方法，一边读故事，一边来预测。

(二) 读故事 1—4 自然段，有依据地预测

1. 读第 1 自然段，进行预测

师：谁来读读故事的开头？从这句话中你知道了什么？

生：从这句话中我知道了胡萝卜先生每天都要刮胡子。

师：他为什么要每天刮胡子呢？

生：因为他的胡子非常浓密。

师："浓密"在课文里指什么？（胡子非常多）

师：头发很多可以说……？

生：浓密的头发。

师：睫毛很多可以说……？

生：浓密的睫毛。

师：胡萝卜先生因为胡子发愁。发愁是什么意思？你能用学过的方法来理解一下吗？

生：发愁的意思就是忧愁，我是用找近义词的方法来理解的。

师：你能运用学过的方法来理解词语，不错。

生：发愁就是感到很烦恼，比如我练习做得不好我就会很发愁，该怎么做才能不被爸爸妈妈批评。

师：看来你有过这样的体验。发愁的意思就是一个人没有主意或办法而感到很愁闷。胡萝卜先生因为自己的胡子特别长、长得又特别密，需要每天去刮，所以特别忧虑、烦恼，难怪"愁"字下面有个心字底。（板贴：发愁）

师：请你猜一猜，胡萝卜先生的长胡子可能给他的生活带来哪些烦恼？请你在课文第一自然段左边写一写旁批。

师：谁愿意来交流一下。

生：我觉得胡萝卜先生的胡子可能会长得越来越长。因为文章写了他一定要每天去刮胡子，如果哪天他忘了肯定会很惨。

生：胡萝卜先生可能漏刮了自己的长胡子，因为我们每个人都有忘记做一件事情的时候，他可能也会忘记。

师：刚刚这两位小朋友并不是随意猜测的，都是有依据的，真不错。

2. 读第 2 自然段，验证预测，继续预测

师：同学们都觉得胡子会带来各种各样的不便和烦恼，接下来请你们默读第 2 自然段，说说你的预测得到印证了吗？

生：就是因为他的胡子长那么长,每天都要刮,他这次真的忘记刮一根了。

师：是啊,让我们再来看看第2自然段,接下来可能会发生什么事?你可以用这样的句式来说一说。

生：当我读到胡萝卜先生漏刮胡子后,果酱还被沾到上面,我预测他的胡子一定会长得越来越长,因为果酱有丰富的营养素,非常有营养,我是依据生活经验来猜的。

师：原来胡萝卜先生是漏刮了一根胡子,果酱还沾上去了。（板贴：漏刮一根）

师：你看,图上的胡萝卜先生就沾着——果酱。果酱给了胡子多么好的营养啊。（板贴：营养）

生2：当我读到他是个近视眼的时候,我预测他可能会漏刮一根胡子,因为近视的人眼睛看不清楚,我也是依据生活经验来猜的。

3. 读第3、4自然段,学会及时修正并继续预测

师：胡萝卜先生的胡子真的变长了吗?让我们来看看王一梅阿姨是怎么往下写的。

师：谁愿意来读第3、4自然段。来,你来读第3自然段,你来读第4自然段。其他同学听听接下去的故事是不是和你们预测的一样。

师：谢谢两位同学的朗读。同学们,刚刚预测到胡萝卜先生的胡子越长越长的举手。这么多小手,看来你们跟作者想到一块儿去了。

师：如果你没有预测正确,也不要紧,不要气馁,来听听这位小朋友是怎么说的。谁来读一读?

生：读书上气泡提示"当发现……发生什么。"

师：是啊，他告诉我们，预测错了——要学会及时修正。（板贴：及时修正）

（三）学习5—8自然段，验证预测，继续预测

师：接下来会发生什么事？（出示第5自然段）请全班女生来读。

师：请你用上这样的句式，自己小声说一说。

师：谁来交流你的想法？

生：当我读到这段话时，我预测胡萝卜先生那根长长的胡子会被小男孩用来当作风筝线，因为他那风筝线断了，而胡萝卜先生正好有又细又长的胡子。我是依据上下文来猜的。

生2：当我读到这段话时，我预测也会被小男孩用来当作风筝线，我知道风筝线都是很长的。我是依据生活经验来猜的。

师：同学们的预测都有理有据，那让我们来看看课文又是怎样写的呢？（出示第6自然段）让我们一起来读一读。"胡萝卜……用来放风筝。"

师：同学们，这段话先写了……再写……这里用双引号表示……最后写……这也就是小男孩做的事情。

师：简单三句话就把一件事讲清楚了。小男孩最后剪下胡子做了什么？

生：小男孩想要把他的长胡子剪下来当风筝线。（板书：男孩的风筝线）

师：和你预测的是一样的吗？这一次又猜中了王一梅阿姨心思的请举手。

（学生全体举手。）

师：就这样啊，胡萝卜先生继续往前走，读——

生："胡萝卜先生……尿布。"

师：他又遇到了谁啊？

生：鸟太太。

师（出示插图）：请你结合插图来预测鸟太太会说些什么、做些什么。

生："这根绳子挺牢固的。"于是，鸟太太剪下了一段绳子绑在树上，用来晾小鸟的尿布。

生："这根绳子又细又长，应该非常牢固吧。"于是，鸟太太把胡萝卜先生那根长胡子剪了下来，又绑在树上，想要晾小鸟的尿布。

师：你把一件事讲清楚了，真不错。此时，鸟太太手里拿着——

生：尿布。

师：正准备——

生：晾。

（板书：鸟太太的晾衣绳）

（四）预测结尾，创编故事

师：胡萝卜先生的胡子就这样一直长一直长，接下来会发生什么事呢？请你开动小脑筋，在学习单上写一写吧。

生：胡萝卜先生的胡子又细又长，黄狗先生正要捆扎稻草，找不到绳子。看到了胡萝卜先生的长胡子，他剪下来一段用来捆扎稻草。

生：胡萝卜先生的长胡子还可以当成小猫钓鱼的鱼线。

生：鼹鼠老师带着鼹鼠幼儿园的孩子去公园玩耍，结果小朋友们到处乱跑。这时,老师看见了长胡子在风中飘来飘去,于是他就剪下来一段,让小鼹鼠们牵着走路。

师:同学们的想象力真丰富。原来长胡子可以用来做这么多事情,那么王一梅阿姨又是怎样写的呢?

师:竖起耳朵听老师来读一读,请你边听边思考故事里的内容和你们预测的内容有什么相同和不同的地方。

生:故事里的内容也是写了胡萝卜先生遇到了谁,别人又用他的胡子做了什么事情。

生:前面文章里写的都是胡萝卜先生的长胡子帮助了别人,但是王一梅阿姨的结局里写了他还帮了自己,变成了眼镜绳。

师:这样的结局给你什么感觉呢?

生:我觉得这样写感觉更有意思。

师:是啊!这样读起来比一直写长胡子帮助别人更有趣呢。同学们,你觉得王一梅阿姨写的结尾棒不棒?我们一起用她写的结尾来夸夸这根了不起的胡子。

生:我的胡子真是太棒了!

(五) 练习预测题目,铺垫延伸阅读

师:通过刚刚的学习,老师发现我们班有不少预测高手。当我们拿到一本书或者看到一篇文章时,就可以根据题目或插图来猜一猜它大致讲了些什么。现在请你选择最感兴趣的一个题目,大胆预测一下吧!

生:我觉得《躲猫猫大王》讲的可能是一个小朋友很会躲猫猫,别人找他总是找不到,然后有一次别人一直没找到他,他就一个人躲了很久。

生：我觉得《团圆》讲的可能是一家三口的故事,因为图片上画了一家三口的图片,他们睡在一张床上,看上去很温暖。

生：《小灵通漫游未来》可能讲的是一个小朋友突然穿越到了未来世界,发生了哪些事情。

师：原来我们班有这么多故事大王,真了不起。

（六）总结全文

师：同学们,边读边预测是不是很有趣？虽然有些预测内容和故事实际内容不一样,但只要有依据,预测都是合理的。希望同学们在今后的学习中可以用不同的方法一边读一边预测,感受到阅读的无限乐趣。

## 二、课例分析

（一）议题的确定

《胡萝卜先生的长胡子》一文编排在统编版教材三年级上册以"预测"为抓手的阅读策略单元中,是该单元的第二篇文章。教师基于此设计的课例抓住了教学的核心议题——预测策略。预测策略是阅读策略的一种,具体指学习者在阅读文本过程中依据文本提供的线索,结合头脑中原有经验,推想假设故事后续,在继续阅读中不断根据文本信息修正假设,并带着假设继续阅读,形成如此循环往复的过程。

但本课的学情分析、教学目标、教学重难点、教学方法以及教具准备等内容没有完整呈现。议题是核心,基于议题的确立,教师需要明确本节课的教学目标,以此对教学内容的组织和文本的选择建立导向,明确教学内容与重点;学情分析有助于教师基于学生知识的生长点开展教学,明确教学难点,并为解决难点做好准备与预设,因此学情分析包括学生和教材两个方面。

(二)文本组织与任务设计

本课例共选取了五个文本,分别为《小猪变形计》《胡萝卜先生的长胡子》《躲猫猫大王》《团圆》和《小灵通漫游未来》。五个文本作用各不相同,《小猪变形计》的作用在于激发学生的阅读兴趣和回顾先前关于预测的阅读策略经验,进而导入新课;《胡萝卜先生的长胡子》是本节课的核心内容,其教学目标是引导学生在预测策略初步感知的基础上尝试运用该策略进行阅读,鉴于学生仅是对预测策略具有感性认识,所以教师结合本篇文章给予了细致的引导,并且不断强化使用预测策略进行阅读时必须具有一定的依据。《躲猫猫大王》《团圆》和《小灵通漫游未来》三篇文章仅呈现了题目,供学生选择并进行猜测,目的在于帮助学生巩固预测策略的学习成果。

第一,文本的组织具有合理性。以《胡萝卜先生的长胡子》为教学的中心,前后两部分选用的文章作用清晰明确,但所选取的文本导致猜测的依据较为单一,主要表现为学生进行预测时均是基于题目猜测整个故事的情节。

第二,在任务设计上整体难度呈现螺旋式上升的态势。由《小猪变形计》这一题目及其插图激发学生的预测经验;再呈现《胡萝卜先生的长胡子》,引导学生读题猜故事,形成"读—猜—验"的循环过程,进而实现本节课的教学目标;最后通过呈现拓展延伸的阅读文本,让学生再次巩固预测阅读的策略。不足之处在于,最后用来拓展延伸的文本过于简单、类型单一。三个文本均是基于其题目猜测故事内容的,缺乏挑战性和趣味性的练习内容很难促使学生的学习成果得到进一步的提升。

(三) 教学过程与解读评析

本节课的教学过程可分为导入、新授、练习和总结四大部分。该教师根据文章的段落划分将新授内容细化为"读故事1—4自然段,有依据地预测"和"学习5—8自然段,验证预测,继续预测"两个板块,使得新授内容更加具体有层次。

1. 导入部分

教师借助图片和题目为学生预测故事内容创设了条件,借助学生的回答整体复习上节课的学习内容——预测方法:借助故事的题目、插图或结合生活经验和了解的知识预测故事发展的情节,并通过深入的阅读去印证自己的预测是否合理。利用新的文本激发学生的阅读兴趣,复习上节课的学习内容并为本节课的教学做铺垫是一举多得的好方式,但是在总结已学的内容时是教师直接口述的,这与创设情境引导学生自主回顾已学内容的初心些许相悖,建议教师通过引导学生回想上节课的学习内容总结出这种阅读的策略是什么,并给予学生一些时间和机会用自己的语言表达他们对该策略的理解。

2. 新授部分

(1) 读故事1—4自然段,有依据地预测。

在第1自然段的教学中,学生举手,教师选定,即学生个体进行阅读,在阅读后说一说"你知道了什么?"其实质是引导学生初步尝试猜测故事内容。虽然是以教授阅读策略为目标的阅读教学,但教师并未忽略语文阅读教学的其他内容,如识字、积累词语等。在教师的引导下,学生结合文本内容与学习经验猜测"浓密"和"忧愁"两个词的含义,符合课程标准对语文阅读教学的要求。在此基础上,教师引导学生继续猜测,并要求在第1自然段的旁边写旁批,有助于培养学生良好的阅读习惯。在第2自然段的教学中,教师要求学生默读后再进行猜测,并且要说一说自己这样猜测的依据。一方面,默读的方式丰富了学生的阅读形式;另一方面,说明猜测的依据再次强调了预测策略使用的基本要求,在潜移默化中深化学生对预测策略的感知。第3、4自然段教学重点是当预测出现错误和偏差时要及时修正。

(2) 学习5—8自然段,验证预测,继续预测。

在第5自然段的教学中,教师再次调整了朗读的形式,让全班的女生先读。阅读之后让学生模仿出示的句式进行交流探讨,规范了学生的语言表达。在第6自然段中,教师通过呈现"胡萝卜……用来放风筝"进行提问:这段话先写了……再写……这里用双引号表示……最后写……最后总结三句话表达清楚一件事的要求,再次规范了学生的语言表达。基于此,学生独立预测并创编故事结尾,分享交流学生的成果之后教师再揭示真正的故事结局,让学生进一步感受自己的想法和作者的想法存在哪些不同,谁创编的结局具趣味性。

3. 巩固练习

教师通过呈现三个文本题目带领学生练习预测,为开展以"预测策略"为中心议题的延伸式阅读教学做准备。

4. 课堂小结

这一环节师生共同对本节课的内容进行总结,再次强调合理的预测需要基于一定依据。

(四) 存在的问题或教学建议

通过对教学过程的整体分析可发现,教师设计的各个教学环节是环环相扣、层层递进的,能够围绕"预测策略"组织教学活动,在授课的过程中能够采用学生默读、个人诵读、群体齐读等多样化的读书方式,丰富学生的活动形式;能够关注词语积累,强调旁批、学习单的使用等阅读习惯的培养,符合语文阅读教学的要求。对于每个组块的教学目标,教师内心都是清晰明确且有预设的,在每个组块的学习完成后,也会引导学生一起对学习效果做评定,比如学生创编故事结束后,会引导学生将自己想象的故事结局与作者设计的结局进行对比分析,进而将内容进行升华,让学生意识到故事的发展呈现多个维度会更加有趣。但进一步剖析也会发现存在如下问题:

第一,课例撰写仅包含教学过程,缺少学情分析等背景性内容。

第二,板贴的方式占比较大,不利于教师为学生做书写示范。

第三,教师对预测策略的单元教学内容分析程度不够。学生学习本节课之前,在《总也倒不了的老屋》中初步感知了预测策略,知道了题目、插图、故事内容等有助于预测,但是在预测时需要具有一定的依据,如生活经验、故事结构等。在此基础上,《胡萝卜先生的长胡子》一文的教学重点是学会修正预测,但在本课例中,关于"修正预测"的内容并不突出,仅是整个教学过程的一个环节,更多的是教师引导学生练习如何使用预测策略进行阅读。

第四,延伸式阅读文本的选择质量有待提升。当前选用的三个文本主要是让学生基于题目猜测故事内容,但《胡萝卜先生的长胡子》一文以"预测－修正－预测"为核心培养学生的预测阅读策略,提升阅读能力,因此当前的文本选择与使用与本文聚焦点的衔接不够紧密。

# 统编版小学语文四年级下册《科普读物交流会》课例

## 一、课例描述

(一) 两分钟预备铃(诗歌分享)

生:各位同学,大家好!我今天分享的是徐志摩的《再别康桥》。

师:你为什么会选择这首诗歌呢?

生:因为在上学期我们学了徐志摩的《花牛歌》,我觉得他的诗歌语言轻快、活泼,读起来很有趣。于是课后查了徐志摩的其他作品,发现这首《再别康桥》写得很有感情。还有,爸爸带我去过英国,参观过康桥,我很喜欢那里。

师:感谢你的分享。能够把课内学到的知识延伸到课外,真是件了不起的事情!其他同学如果对徐志摩的作品也感兴趣,可以继续去了解。

(二) 教学过程

师:上课!同学们好。同学们,还记得我们在学习"快乐读书吧"时以《十万个为什么》为例,了解了科普读物是什么,而后我们利用寒假将班级同学进行分组,紧锣密鼓地筹备"科普趣滋味"项目化活动。直到近期,我们以年级组为单位,如火如荼地开展了相关活动。今天,我们来一场"科普读物交流会",继续感受科普的独特魅力吧!

师:同学们,你们知道为什么非洲人的皮肤是黑色的吗?

生:因为非洲在赤道附近,太阳辐射比较强,晒得时间久了,就黑了。

师:同学们的知识面可真丰富呀,还有谁想交流?

生:老师,我认为是非洲人皮肤中的黑色素比较多,所以看起来比较黑。

师:你真会思考。

师:同学们,为什么我们会先看到闪电再听到雷声呢?

生:老师,我知道。是因为闪电的速度比声音的速度要快。

师:同学们说对了。是啊,正因为声音的传播速度没有光的传播速度快,所以我们是先看到闪电,然后再听到雷声。

师:既然今天是一场科普读物交流会,那么同学们,你们知道什么是科普读物吗?

生:老师,科普读物从字面上来看,我觉得是科学普及。

师:是啊,它是一种以向大家普及科学知识为主要目的的作品。老师今天想教给大家一些阅读科普作品的小妙招。假如我们在读科普读物的时候遇到一些没有听过的科学术语,我们要怎么办呢?

生:老师,可以使用在课堂上学习过的方法,试着去理解。

生:老师,我们可以使用查字典、查资料的方法,也可以去请教爸妈。

师：是的，这些方法很不错。同学们还记得这些科学术语吗？纳米碳材料、纳米管、纳米缓释技术。

生：老师，我记得。这些科学术语是在《纳米技术就在我们身边》这一课中出现过的。

师：那现在谁来说一说纳米技术在生活中的应用呢？

生：老师，我之前在学习这一课时查了一些资料，发现碳纳米技术在航天领域和新能源汽车中都有体现。

师：你可真不起，是个很用心的孩子。那你能具体展开说说吗？

生：时间有点久了，我记不清了……

师：没关系，课后你可以再去查查资料，再把了解到的信息记录下来，这样就不会遗忘了。老师今天也带来了几个科学术语，你们还记得吗？云技术、多媒体和互联网。

生：云技术是一种虚拟的高新技术。

师：是的，它是以云计算模式为基础，应用整合的网络技术、信息技术、管理平台技术等的总称，是实现数据的存储、计算、处理和共享资源的一种托管技术。

师：那么，什么是多媒体呢？

生：多媒体就是我们常用的ppt、word等，计算机里常见的办公软件。

师：同学们信息技术这门课学得真扎实。是啊，其实从字面上来看，多媒体就是指多种媒体形式的综合，形式多样。

师：最后一个问题——什么是互联网呢？

生：互联网就是一种庞大的网络体系，就像物联网一样。

师：哦？物联网？这又是什么？你能说说看吗？

生：我前段时间参加了《少年非常道》，我们主要研究的就是物联网在生活中的应用。在活动中，我了解到物联网其实是"万物相连的互联网"，它就像一个巨大的网络。其实在我们生活中有很多应用，比如智能家居、智慧交通，还有我们的电子学生证。

师：能够把生活和学习融会贯通，把如此深奥的科学术语解释得这么清晰，让我们知道原来科学就在我们身边，非常感谢你的分享。同学们，你们知道吗？在阅读科普作品的时候，还有一些小妙招呢，例如我们在读完科普作品后，还可以查一查作品中谈到的一些科学问题，关注下现在有什么新的科学研究成果。除了在"快乐读书吧"里面提到的《十万个为什么》，其实我国也有许多优秀的科普作品呢。老师找到了一些，请大家读一读。

师：老师今天想重点向大家推荐《看看我们的地球》这本书，它的作者是李四光。关于他，老师找到了一些资料，请同学们读一读。

师：从这段介绍中我们可以知道他在地质力学方面有很大的成就。相信很多同学有过疑问：地球的年龄到底有多大？地球到底是什么样子的？一滴水、一颗沙粒、一块岩石是怎么形成的？这本书里其实都有介绍。

师：有同学读过这本书吗？

生：没有……

师：都没读过没关系，刚好我们可以利用课余时间找来读一读。对了，在阅读之前，咱们最好能做个阅读计划，包括你的阅读时限、阅读时间以及阅读页码，还有阅读满意度自评等方面。大家可以根据自己的实际情况，合理规划每天的阅读。

师：除此以外，大家也可以边读边勾画批注，不懂的地方画上问号,查阅相关资料进行了解,填写读书记录卡,给同学介绍你认为最有意思的知识片段,或者和同学一起办一期科学小报……

师:最后,咱们一起来欣赏一下在"分享趣滋味"项目化活动中小组中的优秀作品吧!(播放视频:阅读《万物》这本书,说说光的折射现象)

师(小结):同学们,这节课我们通过"科普读物交流会"再次感受到了科普的力量,老师也从同学们的交流中感受到你们对科普知识的喜爱。老师希望大家在今后的学习中,养成"不动笔墨不读书"的良好习惯,享受阅读带给我们的快乐!今天的交流会到此结束。

## 二、课例分析

### (一)议题的确定

本课是基于统编版小学语文四年级下册第二单元"快乐读书吧"栏目设计的课例,通过《十万个为什么》这一科普作品揭示世界的奥秘,并从科普读物出发进行延伸式阅读,结合年级举行的"科普趣滋味"项目化活动,开展一次"科普读物交流会",旨在激发学生阅读科普作品的兴趣,巩固、验收和分享学生的阅读成果。教师设计的课例抓住了核心议题——科普读物。科普读物是一种以向大众普及科学知识为主要目的的作品。传统科普作品以文字或图画作为基本载体,现今也常以视频媒体等其他形式出现。教师先向学生传授有关科普读物的相关知识,比如引导学生通过观察封面、目录等来了解一本新书,发现科普作品的特点,学习阅读科普作品的方法和技巧;然后组织学生交流科普读物体会与感悟,进而激发学生阅读科普作品的兴趣,深刻感受科普的魅力;最后推荐我国优秀的科普作品,带领学生欣赏"科普趣滋味"项目化活动小组的优秀作品,旨在引导学生养成良好的阅读习惯,点燃学生的阅读兴趣。

　　议题是阅读教学实践中的关键要素,是贯通整个教学过程的连接线。倘若对其内涵理解不够深入则会导致教师在备课时缺乏明晰的思路。基于议题的确立,教师需要明确本节课的教学目标,以此对教学内容的组织和文本的选择建立导向,明确教学内容与教学重难点,与此同时还要做好教材分析与学情分析,基于学生知识的生长点来实施教学。但本课的学情分析、教学目标、教学重难点、教学方法以及教具准备等内容均没有完整呈现。实际上,从一年级开始,统编版教材就以"儿歌""童话""韵文"等题材呈现了科普文,这类文章在小学语文教材占据一定的比例,体裁也较为多样,贯穿整个小学的语文学习,其目的在于让学生从小沐浴着科学知识的光辉,激发学生的科学探索精神,让学生逐渐习得科学知识的表达方式,进而实现科普读物的快乐阅读。四年级上册第二单元就明确提出让学生尝试从不同角度去思考提问,因此学生在阅读时便知道应从哪些方面进行提问。到了四年级下册则进一步要求学生在提出问题的基础上试着解决问题,这就考查学生综合运用和解决问题的能力,比如联系上下文和生活经验了解词句的意思,掌握课文内容所运用的多种方法等。而本单元课文主要围绕"自然奥秘、科学技术"主题进行编排,包括《琥珀》《飞向蓝天的恐龙》《纳米技术就在我们身边》《千年梦圆在今朝》四篇课文,通过准确生动的语言,描绘了自然的奥秘,科技的神奇,目的是引导学生感受科技的魅力,激发学生热爱科学、探索自然的兴趣。根据"阅读时能提出不懂的问题,并试着解决"的要求,在习作方面提出"展开奇思妙想,写一写自己想发明的东西"的要求。

### (二) 文本组织与任务设计

本课例共选取了三个文本,包括《十万个为什么》《看看我们的地球》和《万物》。《十万个为什么》是一本面向儿童的科普读物,内容涉及天文、地理、生物、物理、化学、历史、文化等方面的知识,旨在通过生动有趣的问答形式,满足孩子们的好奇心,帮助他们理解深奥的科学知识,培养他们对科学的兴趣和探索精神。《看看我们的地球》这本书的作者是李四光,书的内容主要分为两个部分:一部分是地质学常识,如从天文、地理、地质、地球热方面分别对地球年龄进行了分析与解释;一部分是地质学细分知识,如中国北部之纺锤虫、侏罗纪与中国地势等,均能够很好地增进学生对地球、自然、科学的了解。《万物》涉及领域很广,共分为太空探索、工程科技、生命科学、地球生态、交通运输、建筑考古、信息技术等七大板块,同步全球前沿科学发现,同时还配套相关视频,帮助学生理解得更为透彻与深入。教师以《十万个为什么》来引起学生对科普类书籍的兴趣,借以延伸其他相关科普作品,然后重点介绍了《看看我们的地球》来了解与掌握阅读科普类作品的方法和技巧,呈现《万物》中的关于"光的折射现象"的视频加以总结与强化。

第一,文本组织具有一定的合理性。所谓文本组织是指依据教学需要,在一个议题的牵引下组织一组用于课堂上阅读的文本。本课例的核心议题是科普读物,教师选取的三个文本均是优秀经典的科普类书籍,紧紧指向核心议题,通过多个文本共同体现核心议题的多个维度,使得师生能在个人理解的基础上获得立体、多元的理解。但是,对于《看看我们的地球》和《万物》这两个文本的解读过于浅显,在获悉学生对这些书籍不了解的情况下只是简单介绍一下,让学生课后感兴趣的进行自行阅读,抑或是观看相关影片,停留在感性认识上,未能充分发挥其教学价值。

第二,任务设计欠缺一定的挑战性和趣味性。所谓任务设计是指紧紧抓住核心议题,立足于文本组织,依据学生的年龄特征和认知水平设计合理适宜的学习任务。另外,任务设计时应当基于合适的目标,要富有趣味性、交互性、挑战性。从本课例的整个教学过程来看,教师主要采用问答形式开展教学,围绕科普读物所设计的问题做到了难度层层递进,呈螺旋式上升,能有效地激发学生的思维,吸引学生的思考和注意力。但是只是局限于师生的一问一答,形式较为单一,学生总体参与课堂互动的积极性并不高。

(三) 教学过程与解读评析

本节课的教学安排包括分享环节和教学过程两大部分。教师紧紧围绕议题开展了一场科普读物交流会,通过组织学生讨论、交流、分享、总结等环节,使得教学过程有序进行,层层深入。

1. 分享环节

教师充分利用两分钟预备铃时间开展了课前诗歌分享活动,这样的活动每节课都会安排一名学生上台分享,不仅能够检验学生的阅读成果,而且能够极大地锻炼学生的语言表达能力,增强学生的学习自信。学生先进行了绘声绘色的诗歌朗诵,然后分享了自己的选择理由和读后感想,教师进行点评并向其他学生进行引荐,以期引起同学们的阅读兴趣,拓宽自己的认知视野。

2. 教学过程

在正式教学环节,主要围绕"科普读物交流会"主题展开讨论与分享。首先,通过抛出一些生活常见的问题引发学生的讨论与思考,比如"为什么非洲人是黑色的?""为什么我们是会先看到闪电再听到雷声?"等问题,然后自然引出科普读物的概念,通过师生探讨、归纳、总结出一些阅读科普作品的小妙招。接着举例一些科学术语,启发学生阐释、理解、运用这些晦涩难懂的专业名词,再借以向学生推荐国内优秀的科普作品,比如李四光的《看看我们的地球》这部作品,能够深入了解到地质学方面的知识。通过教师的简要介绍激发学生们的阅读欲望,调动学生们的阅读积极性。最后播放学校举行的项目化活动小组当中的优秀作品以加深和巩固课内所学的知识,教师总结本堂课的相关阅读技巧和方法,实现了将课内与课外有机联合,紧贴学生的实际生活,又基于学生的现有知识水平和实际能力拓宽视野,灵活地将课内习得的阅读策略迁移运用到课外阅读实践活动中去,以培养学生良好的阅读习惯,提高学生的自主阅读能力。

(四) 存在的问题或教学建议

通过对整个教学过程的解读与分析,可以发现教师设计的各个教学环节都是紧紧围绕议题展开的,环环相扣,逐层深入,在授课过程中主要采用问答法进行,有效结合学生的实际生活和个人经验开展讨论与交流,调动学生积极参与阅读活动,将原本较晦涩难懂的科普读物进行生动解读,激发学生的阅读热情,使学生能够在交流分享个人感悟的同时还能了解到更为丰富广阔的科普相关知识。但是进一步剖析会发现仍然存在以下几个方面的问题:

第一，课上参与回答问题的学生并不多，其余同学课堂参与感并不强。从整个教学过程中的师生互动情况来看，教师所采用的教学方法主要是问答法，这样的教学方法有利于充分激发学生的思维活动，开拓学生的思路，使学生保持兴趣，也有助于提高学生的语文学习兴趣。但是，可以发现参与课堂互动的学生只是少部分，并且主要是那些代表班级参加年级组阅读成果展示活动的同学踊跃举手发言，交流自己所知所想，而剩下的多数同学更多是扮演着聆听者的角色，游离于课堂之外，更别谈能够积极表达自己的想法和疑惑，提出自己的独到见解，那么这样的教学效果必然大打折扣。

第二，课前诗歌分享要结合本次课例的科普读物主题。可以让学生课前事先准备与科普内容有关的分享，使这一分享活动与本次课堂联系更为紧密。课前 2 分钟的分享展示活动是该教师精心安排的，目的在于锻炼学生的能力，提高学生的语文学习兴趣，同时也能够验收学生的阅读成果。每个学生都有机会上台展示自己，表现自己，和师生一起交流感悟。另外，每次分享的主题不尽相同，本次课例的议题是科普读物，可以让学生事先了解与搜集关于科普及科普读物的相关信息，在课堂上展开分享与讨论时也能够吸引更多的同学参与到课堂互动中，增强课堂教学的互动性和趣味性，而不是仅仅只有某几位学生在回答，其他学生则知之甚少。这样才能促进课堂教学效果的提高。

第三，教师在课堂上只推荐了一两本科普作品，可以考虑不同学生的不同实际需求推荐更多的优秀作品，以拓宽学生的选择面。现如今大多数孩子都比较偏爱故事类书籍，而比较缺乏科普类书籍的阅读。阅读科普类书籍，能够使学生对世界的奥秘产生兴趣，培养他们的好奇心、想象力和思维力。本次"科普读物交流会"就是促进学生涉猎科普类作品的绝佳契机,充分利用年级举办的"科普趣滋味"项目化活动,巩固和强化学生的阅读成果,保障学生阅读的持续性,提高学生的阅读质量。课堂上,教师的推荐对于学生来说可供选择面比较狭窄,倘若让学生自行在课后选择阅读,也容易陷在琳琅满目的书籍中不知如何挑选书籍的困惑中。因此,可以结合班级学生的实际情况包括年龄特点、知识水平、个人兴趣等方面向学生推荐更多的科普类作品,以此实现本课的教学目标。

# 统编版小学语文四年级上册《18 牛和鹅》教学课例

——批注阅读策略教学

## 一、课例描述

### (一)背景分析

**1. 教材分析**

《牛和鹅》是部编版四年级上册第六单元中的一篇课文。本单元是围绕着"童年的回忆"这一主题,以著名作家冰心的"童年啊!是梦中的真正是真中的梦,是回忆时含泪的微笑"为单元导语,安排了《牛和鹅》《一只窝囊的大老虎》《陀螺》三篇课文。这三篇课文都是作者亲身经历的童年成长故事,展现了充满童趣而又丰富、真实的儿童生活。

《牛和鹅》记叙了作者在回家的路上被鹅追赶,后在金奎叔的帮助下赶跑了鹅,最后作者改变了对鹅的态度,不再怕鹅的故事。文章具有很强的故事性,是一篇童趣十足、语言生动、蕴含哲理的文章。尤其是描写"我"被鹅追赶的情境时,作者通过对"我"的语言、动作、神态等的细致刻画,对鹅的动作的生动描写将鹅的神气十足、胆大妄为以及"我"的狼狈不堪、慌忙逃窜展现得淋漓尽致。最后作者通过金奎叔的话告诉我们,如果从不同的角度出发看待周围的事物就会得到不同的结果,包含哲理。

课文文本运用展现读者批注的方式,将批注这一阅读方法教给学生。批注式阅读是一种用笔在文章或者文本上记录阅读、思考过程的方法,是一种用书写线条、符号、简洁文字标注文章和文本的读书方法,更是一种使自己由简单阅读转变为深度阅读、个性阅读、快乐阅读,被动阅读转变为主动阅读的阅读,并将阅读感悟记录在文章或者文本上的方法。

《牛和鹅》这篇课文通过人物的动作、语言、神态表现人物的心情;记一次游戏,把游戏过程写清楚,告诉学生在进行阅读时,要学会运用批注的方法进行阅读,通过对课文中人物的动作、语言、神态的描写来体会人物的感情。

2. 学情分析

四年级的学生已经初步积累了一定的生活经验和学习方法,有较强的思维能力,并且能够进行有效的探究性学习,语文基础知识掌握较为充分,并具备了一定的书写、朗读、课外阅读和习作的学习能力。

(二) 教学目标

1. 知道什么是批注,并了解其重要性

2. 明确三种常用的批注角度,即"提出疑问""记录体会"和"评点写法",学会从这两个角度在阅读过程中作批注

3. 通过人物的动作、语言和心理描写体会人物心情

(三) 教学重难点

1. 明确三种常用的批注角度即"提出疑问""记录体会"和"评点写法",学会从这三个角度在阅读过程中做批注

2. 通过人物的动作、语言和心理描写体会人物心情

(四) 教学过程

1. 谈话导入,帮助学生了解单元主题
(1) 了解第六单元主题及语文要素。

师:同学们,今天我们要进入第六单元的学习了,先一起来看看单元导语,谁来读一读?

(教师邀请两名学生读一读。)

师:是啊,从冰心奶奶的话语中,我们可以感受到童年的回忆是多美好,本单元的单元主题就是"童年美好的回忆"。本单元我们要学习哪些本领呢?

(教师随机请一名学生读一读单元要素。)

师:接下来,我们先来了解本单元的第一篇课文。老师先请大家来看两幅图片,这是什么动物呀?

生:左边的是牛,右边的是鹅。

师:你对牛和鹅有什么印象吗?

生:我觉得牛不怎么叫,比较稳重老实,鹅经常叫唤,很吵。

生:我觉得牛很大,鹅小小的,容易受欺负。

生3：我觉得牛代表勤劳，鹅比较凶。

(2) 出示课题，齐读课题。

师：同学们说得都很精彩，今天我们要学习的课文就和"牛""鹅"这两个动物有关，一起来读读课题。

生(齐读)：18 牛和鹅。

2. 初读课文，把握课文内容

(1) 自读课文，思考：故事的起因、经过和结果分别是什么？

师：请同学们打开语文书，翻到第74页，自己读一读课文，边读边思考：故事的起因、经过和结果分别是什么？

(2) 检查生字词语。

师：孩子们，预习的时候有没有牢牢把握字词关？谁来挑战一下，做做小老师，带大家读一读生字词？

生：无所谓、拳头、胳膊、衣襟、恐怖、欺负、吁哩哩哩、摸牛肚、捶牛背、掐脖子、摔出去。

(3) 理清课文脉络。

师：课文读完了，谁来分享一下你的思考，说说故事的起因、经过和结果分别是什么？

生：我认为故事的起因是：我们欺负牛，害怕鹅。故事的经过是：我被鹅追赶，又获救了。故事的结果是：我不再怕鹅了。

师：你可太厉害啦，老师再来帮你做做补充，使故事的起因、经过和结果更完整，大家可以在书上做一做笔记哦。

师：起因(1—4)："我们"欺负牛，害怕鹅。(板贴：欺负牛，怕鹅)

师：经过(5—12)："我"被大公鹅追赶，金奎叔把鹅赶走救了我。(板贴：被鹅追赶)

师：结果(13—15)："我"不怕鹅了，改变了态度。(板贴：改变态度)

3. 走进文本，学习"批注"

(1) 了解"批注"。

第一，认识"批注"。学习"提出疑问"批注。

师：同学们，这篇课文和我们以往学的课文有什么不同吗？

生：课文的旁边还有一些小字。

师：是呀，作者任大霖写了课文部分，那旁边的小字部分是谁写的？

生：我猜是读者阅读时自己写的。

师：你可真聪明，我们把这些小字叫作——批注(板贴：批注)

第二，数一数这篇课文一共有几处批注。

师：快速浏览课文，数一数，这篇课文一共有几处批注？

生：一共有5处批注。

(2) 学习批注怎么做。

第一，如何做批注？批注在什么位置？

师：作者是如何做批注的呢？我们先来看第一处批注，第一处批注在课文的什么位置？

生：第一处批注在课文第1自然段的左边。

师：老师请两位同学合作读一读，一位同学读一读第1自然段，再请一位同学读一读旁边的批注。

第二，课文内容和批注有什么关系？

师：两位同学配合得真有默契。大家想一想，文章内容和批注有关系吗？

生：批注是对课文内容的一些思考。

生：这个批注对读到的内容提出了疑问。

师：你说得真不错，这个批注是对读到的内容提出的疑问。同学们，平时阅读的过程中你也可以尝试从提出疑问的角度写一写批注。（板贴：提出疑问）

（3）学习"记录体会"批注。

第一，了解"我们"对待牛和鹅的两种不同态度。

师：哪两个自然段写了"我"对牛和鹅不同的态度？

生：课文的第3和4自然段写了"我"对牛和鹅不同的态度。

师：老师请两位同学合作读一读课文第3、4自然段，其他同学想一想，你听完后有什么感受？

生：他们对于牛和鹅的态度不一样。

生：牛好可怜，他们欺负牛，鹅有这么可怕吗？

生：他们欺负牛，但是很怕鹅。

师：是呀，他们对待牛和对待鹅的态度截然不同，对比鲜明。

（"记录体会"的教学中，"哪两个自然段写了'我'对牛和鹅不同的态度？"这一问题的问法可以换为"通过默读第3、4两个自然段，你有什么体会？"第二种问法更能引导学生思考两个自然段中的内容，让学生自我挖掘出这两个自然段写出来"我"对鹅和牛两种截然不同的态度，从而得到与批注中一样的体会。如此不但能引发学生学习欲望，而且能增加学生对批注学习的成就感。）

第二，把阅读时的体会写下来，从记录体会的角度来写批注。（板贴：记录体会）

师：刚刚我们了解到在阅读时，可以从提出疑问的角度和记录体会角度进行批注，那现在你有什么收获吗？

生：我们可以在自己阅读时写一写体会。

师：你真会思考，不管是课内文章的阅读，还是课文自己的拓展阅读，我们都可以把阅读时的体会写下来，从记录体会的角度来写批注。

第三，用批注的形式写下读完第3、4自然段的体会，点名交流。（学生练习）

师：接下来就请你来初试身手，做做批注啦，请你写一写读完第3、4段的体会。

生：我在第3自然段最后做了批注——"有些孩子太过分了，对牛的态度可真糟糕"。

生：我在第4自然段旁边做了批注——"小小的鹅竟然这么可怕，让孩子们退避三舍"。

师：同学们边读边思考，都写出了自己的体会。（出示教师所做批注：对牛和鹅态度的对比可真鲜明啊！）老师也和大家有一样的感受，瞧，这是我读到这两段内容时最大的体会。

（学生的自主练习以及与教师的讨论都能体现课堂的学生主体，整节课的问答都十分生动。）

（4）学习"评点写法"批注：对场景的描写评点批注。

第一，初读场景描写，整体感悟。

师：课文的5—7自然段写的就是有一次放学回家的路上，"我"见到鹅和被鹅追赶的场景。谁来读读学习要求。

（教师随机邀请一名学生读一读。）

师：开始学习吧。

第二，演、读并用，感受动作描写，学习"评点写法"批注。

师：谁来交流一下画到的语句？

生：我找到了第5自然段的"我们马上都不说话了，贴着墙壁，悄悄地走过去"。我感受到了孩子们当时的害怕。

师：我们一起来看一看这个句子。请一位同学来读一读，谁能配合着来演一演？

师：读得流利，演得逼真，从这几个动作，你体会到了什么？

生：这几个动作让我体会到孩子们当时胆战心惊的。

师：这几个具体的动作，把"我们"对鹅的恐惧写出来了。这就是你读到这里时产生的想法。瞧，老师读到这也产生了类似的想法，忍不住作了个批注。这是从哪个角度来写批注的？

生：是从作者用什么方法来写出当时的感受的这个角度。

师：老师明白你的意思了，我来帮你概括下，这个角度就叫作评点写法。（板贴：评点写法）

师：继续交流。

生：我找到第 6 自然段的这句话——"我吓得脚也软了，更跑不快"。我从"脚也软了""跑不快"这两个短语当中，感受到作者的害怕与绝望。

师：你用上了"绝望"这个词语，看来你是真的能感同身受。哪位同学生活当中有类似的经历吗？

生：我有一次在迪士尼和妈妈走散了，当时人很多，我怎么也等不到妈妈，真是吓得脚也软了。

生：我有一次被狗追，差点被它咬一口，也有类似的感觉。

师：看来同学们生活经历真是丰富啊。那当作者被鹅一口咬住之后，是什么样子？

生：我找到了第 6 自然段后面的描写——"在忙乱中，我的书包掉了，鞋子也弄脱了"。

师：你从这一句中感受到了什么？

生：我感受到作者当时惊慌失措，害怕至极。

师："我"当时真是——狼狈不堪，乱作一团，心里十分恐惧。谁来读一读，读出惊慌的感觉？

师：读出了惊慌的感觉，很到位，谁来继续交流？

生：我找到了"我就又哭又叫，可是叫些什么，当时自己也不知道"。我感受到作者已经害怕到失去当时的记忆了。

师：那我们来帮作者回忆一下，"我"叫了什么？谁来学一学？

生：鹅要吃我了！鹅要咬死我了！

师：老师听了都忍不住为你着急！呼救时，"我"真的叫的就是这两句吗？

生：文中有个词是"大概"，说明作者也不确定。

师：是呀，但作者很害怕、很惊慌的感情我们体会到了，用哪一个词可以形容当时我的样子？

生：惊慌失措。（板贴：惊慌失措）

师：批注中就有这个词，他是从哪个角度来写这个批注的？

生：从作者当时的感情来写的。

师：作者是如何表现自己当时的感情的？

生：用了动作等描写。

师：所以这个批注角度叫作——评点写法。

师（出示上一个批注）：我们来比较一下这两个批注，你发现了什么？

生：他们评点的角度不一样。

师：老师来总结一下，我们在写批注时，可以评点几个词写得怎么样，也可以评点一段话写得怎么样。写得好，我们可以评点，写得不好，我们也可以评点。

第三,出示第 7 自然段,交流词句。

生:我找到了第 7 段的这句话——"我几乎被它拖倒了——因为当时我还很小,只不过跟它一样高呢!"我感觉作者好可怜,千万别受伤呀!

师:从你的语气中,感受到了你在替作者紧张,思考下,为什么作者会被鹅拖倒?

生:我看到了破折号,破折号后面解释了,因为作者当时还很小。

师:观察得真仔细! 我们也可以针对标点符号对课文进行评点,并写下批注。

4. 理解感悟,练习批注

(1) 练一练。

师:接下来就轮到大家自己来写批注啦。请同学们再读一读课文第 5—7 自然段,找一找描写鹅的句子,并写一写批注。

(2) 反馈"批注"情况。

生:我找到了这句话——"鹅听见了……我们这些人似的。"我写的批注是:鹅的架子可真不小,怪不得大家害怕鹅,欺负牛。

师:你这是从——记录体会的角度来写批注的。

生:我在第 6 自然段找到了这句话——"这时……不放。"我从"啪嗒啪嗒、张开嘴、一口咬住"这些词语中感受到了当时的紧张氛围。

师:这次又是从什么角度来批注的?

生:评点写法。

5. 拓展与延伸

(1) 阅读拓展《蟋蟀》。

师:同学们,请大家拿出学习单,学习单上的文章选自本文作者任大霖的另一篇作品《蟋蟀》。请大家仔细阅读,在旁边写一写批注。

(2) 学生交流。

生:我读到"这一场恶斗,是我从来没有看到过的。大家也都看得呆住了,忘记了喝彩"。写的批注是:从大家的表现中可以看出他们当时十分震撼。

生:我在第3自然段旁边写了批注:从动作描写中可以看出这场"战斗"的精彩。

师:老师看到同学们的批注内容都很精彩,我们下课可以和同桌分享下自己的批注。

6. 总结

师:同学们,今天这节课,我们用批注的方法阅读了第1—7自然段。通过"我"的动作、语言、神态,体会到了"我"一开始对鹅十分恐惧。那么后来我又是如何改变了对鹅、对牛的看法呢?下节课,我们继续用批注的方法来阅读后面的内容,去看看课文后面的三处批注又是从什么角度来写的。在今后的课外阅读中,大家也要学会运用批注的方法来帮助阅读。今天这堂课我们就上到这儿。

## 二、课例分析

### (一) 议题的确定

《牛和鹅》一文编排在统编版教材四年级上册以"批注"为抓手的第六单元中,是本单元的第一篇课文。本单元围绕"童年的回忆"这一主题,是本套教材继三年级下册第六单元后,第二次安排与童年生活有关的主题,本单元的第一个语文要素是"学习用批注的方法阅读"。批注式阅读是一种用笔在文章或者文本上记录阅读、思考过程的方法,是一种用书写线条、符号、简洁文字标注文章和文本的读书方法,更是一种帮助自己由简单阅读转变为深度阅读、个性阅读、快乐阅读,变被动阅读为主动阅读并将阅读感悟记录在文章或者文本上的方法。

(二)文本组织与任务设计

本课例延伸阅读的议题为文章作者。教师为学生拓展了本文作者任大霖的短篇小说集。该小说集收录了《蟋蟀》《芦鸡》《风筝》《我的朋友容容》等名篇。书里是一群沉浸在明朗美好的童年里的孩子,他们活泼天真、无忧无虑,时而贪玩,时而捣蛋,他们在爱的包裹下健康成长着。小说字里行间洋溢着童趣和温情,给一代又一代的读者留下了温暖的记忆。该书适合孩子们阅读,并且书中许多文章的描写方式与《牛和鹅》有着异曲同工之妙。

(三)教学过程与解读评析

1. 导入部分

导入方式采用"谈话导入",询问学生在生活中对牛和鹅的印象,将实际生活与课堂教学联系起来,注重学生主体。学生的回答却一律地对牛表现出正面态度,对鹅表现出反面态度,缺乏课堂的丰富性与生成性。教师在学生讨论时应鼓励学生大胆发表内心真实的、多样的想法。

从单元目标过渡到课文学习,稍显生硬,可从单元目标上设置悬念,如"什么是'批注'?人物动作、语言、神态是如何体现人物情感的？怎样才能将游戏过程写清楚呢？让我们带着这些目标，开始我们今天的学习吧"。

2. 初读课文，整体感悟

初读课文的第二个环节"检查生字词语"可放到"自读课文"之前，使得后面两个环节即"自读课文"和"理清课文脉络"衔接更加紧密。

该部分由学生自读课文，并请学生交流事件的起因、经过和结果，最后由教师总结概括并板书。突出学生主体，能激发学生学习主动性，提升学生阅读故事的技巧即先把握故事脉络。

3. 走进文本，学习"批注"

该部分的学习在带领学生了解批注的表现形式后，应使学生明晰批注的作用以及本节课要对批注进行哪些方面、什么程度的学习。带着目标学习，能够使学生更加集中注意力，课堂学习更有方向性。

"评点写法"批注的教学，综合运用了演、读、交流的方法，让学生从作者的动作、神态描写中感受到了作者被鹅吓得惊慌失措以及对鹅的恐惧。让学生联系自己的生活实际谈谈自己"绝望"的亲身经历，将语文教学与学生的生活相联系，使得语文学习不再是课本中的、课堂中的，而是学生生活里的。同时通过对作者情感的深入体悟，能让学生懂得"评点写法"批注的撰写是依据自己阅读时的真实感受而不是凭空的、随意的。如果能在教学中明确指出这一点，会使学生更加深入地理解批注的阅读策略。

批注学习完成后，教师应以板书为依托，带领学生总结批注的几种类型即"提出疑问""记录体会"以及"评点写法"，并进一步总结"评点写法"批注可以从多个角度出发，如描写方法角度、字词运用角度、情感角度、写得好与不好的角度展开评点,并写下批注。如此可以帮助学生建立起学习框架,在练习前做上述工作,能够使练习效果更好,同时学生也更容易获得成功感。

4. 理解感悟,练习批注

在学习的基础上,教师让学生通过自读第5—7自然段,找一找描写鹅的句子,再来写一写批注。再组织大家写后进行交流,帮助学生来归纳,可以从多个角度进行批注。

5. 拓展与延伸

教师为学生拓展了本文作者任大霖先生的短篇小说集,这样的延伸十分有价值,不但能让学生进一步了解作者,了解作者的文风,还可以使他们更加熟悉这样的写作手法,从而更好地将学到的批注阅读策略运用并内化成为自己的阅读技能。

(四) 存在的问题或教学建议

第一,要引导学生用批注的方法进行阅读。在教学中要重视引导学生从多个角度对课文进行批注,并用这些批注进一步理解课文,而不仅仅是学习批注这种方法。

第二,要处理好两个语文要素之间的关系。要素之间要融合,引导学生勾画出描写人物动作、语言、神态等方面的语句,对各种心情变化描写进行批注,促进对课文内容的理解。

第三,要鼓励学生在课内外阅读中用批注的方法阅读。有意识地引导学生主动运用批注的方法学习,养成一边阅读一边批注的习惯。

# 统编版小学语文五年级上册
# "快乐读书吧"延伸式阅读课例

## 一、课例描述

(一) 故事导入,激发兴趣

师:同学们,本单元我们一直在学习民间故事,老师还请大家在课后自主阅读民间故事,你们读了吗?丽丽很喜欢读民间故事,碰到她的好友们,便急着要讲给他们听,我们也一起来听听吧。

(教师播放录音。)

师:丽丽讲的故事是——

生:从前有座山。

(板贴:从前有座山)

师:你觉得这个故事怎么样?

生:我觉得这个故事就像套娃一样,一环又套着一环。

师:这真是个有意思的故事。民间故事是劳动人民智慧的结晶。今天我们的快乐读书吧,就一起来读读——

生:民间故事。

(板贴:民间故事)

(二) 品读片段,渗透方法

师:像《从前有座山》这样为人熟识的民间故事还有很多,你读过《田螺姑娘》吗?把书翻到第 47 页,书上提供的是《田螺姑娘》这个故事的节选,请你自己先读一读,边读边想这段故事主要讲了什么。

（学生自读，思考。）

师：借助插图，谁能按事情发展的顺序说说看？

生：从前有个年轻人，他每天到农田里去干活，每天都要干活干到很晚才能回来。有一回，他在田里捡到一个大田螺……

师：这位同学按照故事的起因、经过、结果的顺序说清楚了故事的主要内容，说得很简洁也很清楚。

师：展开想象，猜猜看故事后面会怎样发展。

生：我觉得年轻人会趁着田螺姑娘出来干活就把它的田螺壳藏起来，然后他们就一起过上了幸福快乐的生活。

师：看来你的心里有一个美好的期待，他们可以过上幸福的生活。

生：我觉得这件事情传到了王爷的耳朵里，结果王爷就想霸占田螺姑娘，但是年轻人不想让田螺姑娘受委屈，于是就把她放走了。

师：你的想象很新奇，也很有趣。

师：看来你们已经对这个故事产生了浓厚的兴趣，打开你面前的信封，自己读读这个故事后面的部分吧。

（学生打开信封，自读。）

师：谁能来说说这个故事是如何发展的？结果如何？

生：老太太跟年轻人说把田螺姑娘的田螺壳藏起来，他们就能成为夫妻。于是，年轻人就照做了，但是连续六天过去了，田螺姑娘都没有出来。年轻人很疑惑就去请教了老太太，听了老太太的话，他又去勤劳地工作了。有一天，他醒得早了一点，正好赶上田螺姑娘从壳里出来，田螺姑娘见他这么勤劳，就决定嫁给他。最后两个人过上了幸福舒适的生活。

师：你用自己的话，简洁地说清楚了故事的经过和结果。最后呀,田螺姑娘和年轻人过上了很幸福的生活。

师:这个民间故事表达了人们怎么样的心愿?

生:在我们的现实中是没有田螺姑娘的,但是这个故事寄托了老百姓对幸福生活的向往。

生:我还有补充。我觉得还表达了劳动人民知道要用自己勤劳的双手来创造幸福的生活。

师:是呀,说得很好。这个故事之所以能流传至今,就是因为它告诉人们要靠自己的双手创造幸福的生活。所以民间故事通常都寄托着人们——

(板贴:朴素的愿望)

师:读了故事的结尾,我们知道——(引读)

师:同学们,你们发现了吗?这个故事的结尾跟我们学过的哪一个民间故事的结尾很像?

生:我发现这篇课文的结尾和《牛郎织女》的结尾有相似之处。两个故事最后主人公都过上了美好的生活。

师:是的,民间故事的结局几乎都是大团圆的。那么这两个故事还有什么相似之处呢?现在就以五人为一组合作探究,完成探究任务,开始。

(小组合作交流。)

生:我们组发现的相似之处是故事中的男主人公都非常勤劳,而且基本上都是农民出身。而女主人公都是有身份的,像织女是天上的神仙,而田螺姑娘是修成人形的妖精。

师:你们组很善于挖掘文本。里面的主人公大多具有相似的性格特征,田螺姑娘和牛郎织女是这样的勤劳善良,其他民间故事的主人公也多是如此。

生：我们组发现里面的主人公都是经过了许多的困难最终才获得了美好的生活。

生：我们发现故事中都有神奇的幻想。像《牛郎织女》中，披上老牛的皮就可以和织女相会，而《田螺姑娘》中，姑娘居然是从田螺中出现的。

师：是的，这些故事的想象都很神奇，而且会有相似的情节。民间故事作为一种口头艺术，一般会有——

生：固定的类型和重复的段落。

（板贴：固定的类型、重复的段落）

师：这是为了在讲述时方便记忆。看看故事的开头，你有什么发现？

生：开头的时间都不确定。

师：你有一双会发现的眼睛。民间故事一般不会说明准确的时间和地点。阅读这样的开头，我们会很容易身临其境。

师：这样的对比阅读，可以让我们更直观地了解中国民间故事的特点。在读其他民间故事时，也可以用上这样的方法。

(三) 对比品读，推荐读物

师：刚才我们读的都是中国的民间故事，其实民间故事存在于世界各处，书上的这两段话请你自己读一读。

（学生自读。）

师：这段话中提到的这些主人公，你认识吗？

生：我知道小牧羊人选自《聪明的牧羊人》……

师：不错，这三个故事都是欧洲的民间故事。

生：鳄鱼和大象都是出自《曼丁之狮》。

师：对，是出自这本书的两个小故事。一个叫——

生：《鳄鱼的眼泪》。

师：另一个叫——

生：《大象墓地》。

师：这都是非洲的民间故事。

师：看来同学们课外读了不少民间故事呢。其实中国民间故事和外国民间故事也有相似之处。上一节口语交际课时，我们把自己讲的民间故事绘制成了情节推进图。五人一组，从中挑选出两个故事，合作探究，完成"任务单2"，开始。

（小组合作交流。）

生：我们组对比的故事是《九色鹿》和《螃蟹的由来》。他们的相似之处是坏人最终都得到了应有的报应。《螃蟹的由来》中螃蟹的壳变得又软又黏，而《九色鹿》中大反派最终被投入了牢房。这两个故事中的主人公都神通广大。

师：你发现了这两个故事在情节上和人物特点上的类似。

生：我们组对比的故事是《丽达王妃和宙斯》和《门神的故事》。这两个故事都有美好的结局，《门神的故事》中门神最后获得了胜利，而《丽达王妃和宙斯》中宙斯也获得了新生。而且他们都有相似的情节，故事中都有战斗场面，想象都很神奇。

师：你们组很善于对比、思考，而且挖掘得很细，发现了多个相似之处。

师：除了课上我们提到的这些民间故事，你还想向你的同学们推荐哪些民间故事呢？说出你推荐的理由。

生：我想推荐《欧洲民间故事精选》，有些民间故事让人非常感动，很推荐大家读。

师：老师也很想知道你被哪一篇感动哭了。如果你在说的时候说清楚标题就更棒了。

生：我想推荐《醋瓶里的老婆婆》。

师：这个故事情节很吸引人，光听这个标题，老师就感觉到这应该就是个很有趣的故事。

师：同学们推荐的故事大多藏在这三本书里。看看中国民间故事的目录，你有什么发现吗？

生：我发现第四个篇目里介绍的大多是中国的地名和风俗。

生：我发现第二个篇目里的"王羲之""鲁班"都是历史名人。

师：赵老师也有这本书，很想借给大家读，我还定制了借书记录卡。你最想读哪个故事呢？课后，我们就按这个顺序来借阅，希望每一位同学都对民间故事有浓厚的兴趣。

## 二、课例分析

### （一）议题的确定

统编版小学语文教材在每一册中都安排了有关课外阅读的内容，旨在激发学生的阅读兴趣，培养学生的阅读习惯。为了将课外阅读内化，让整本书阅读课程化，需要课外阅读有目的、有计划、有方法、有步骤、有评价地进行。统编版《语文》五年级上册第三单元——民间故事单元是一个很好的突破口，教师尝试以"快乐读书吧"为抓手，探索延伸式阅读教学方法。

但本课的学情分析、教学目标、教学重难点、教学方法以及课后总结等内容没有完整呈现。议题是核心，基于议题的确立，教师需要明确本节课的教学目标，学情分析有助于教师基于学生知识的生长点开展教学,明确教学难点,并为解决难点做好准备与预设,以此对教学内容的组织和文本的选择建立导向,明确教学方法,并进行课后总结。

(二)文本组织与任务设计

1. 明确单元定位,拟定阅读方法

本单元安排了两篇耳熟能详的精读课文和一篇略读课文,让学生对民间故事这一文体有一个大体的认识。"口语交际"安排了"讲民间故事"的活动,旨在训练学生将学到的方法进行实践运用。而安排"快乐读书吧"板块就是为了让学生产生阅读民间故事的兴趣,初步了解民间故事的特点,感受阅读民间故事的快乐,并乐于与大家分享课外阅读的成果。

从这些目标不难看出,统编版教材"快乐读书吧"栏目的设立独具匠心,不仅可以激发学生的阅读兴趣,还能让学生积累一定的课外阅读量,学习阅读方法。对于延伸式阅读而言,激发学生阅读兴趣无疑是最基础也是最关键的一点。学生只有自身具有浓厚兴趣,才会主动进行课外阅读,进而在阅读中收获乐趣,感受快乐,体验阅读魅力。这样,也可为教师开展延伸式阅读教学奠定良好的基础。从单元整体来看,教师可以采取课内外相结合的方式开展民间故事阅读活动。让学生每天课余阅读半小时,课上交流故事内容,推进阅读,确保阅读量。单从"快乐读书吧"这一板块来看教师可以采用丰富的活动来进行延伸式阅读教学。

"快乐读书吧"由"导语""你读过吗""小贴士"和"相信你可以读更多"四部分组成,分别采用不同的形式推荐书目,为学生提供了更多的选择空间。"导语"把《从前有座山》这个类似于语言游戏的"讲不完的故事"作为引子,唤醒学生更多关于民间故事的记忆,激发他们的阅读兴趣。"小贴士"点明了本次"快乐读书吧"的阅读要素。"你读过吗"和"相信你可以读更多",通过列举中外民间故事中的典型人物和经典故事,引导学生去阅读文本。在明确了"快乐读书吧"在本单元中的定位、了解了各板块特点后,就能以此为参考,开启延伸式阅读方法的探究之旅了。

2. 利用各种活动,保障阅读持续

借助推进图推荐课外读本。阅读是要大量、持续进行的,教师在学生阅读的过程中应该起到引领者的作用,运用多种方法促进学生进行延伸式阅读。在"快乐读书吧"教学伊始,教师可以先让学生采用多种途径搜集民间故事,可以做成整理记录卡,也可以做成情节推进图。教师借口语交际讲民间故事的契机,让学生制作了情节推进图,用简洁的语言写清楚自己想推荐的民间故事的起因、经过、高潮和结果,还引导学生通过绘画等形式丰富内容,使其更加趣味化,完成后在口语交际课上进行交流分享。课后将情节推进图进行回收,留到对比阅读活动时用,借此引导学生去读更多的故事,保障阅读的持续进行。

学生对于这样的情节推进图非常感兴趣,乐于去制作并与同伴分享自己的故事。在口语交际过程中利用情节推进图不仅能使学生把故事讲清楚,达到口语交际的预期目标,还能激发其他学生阅读这本书的兴趣,提高学生对于阅读的期待。

3. 借助课内对比,归纳文本特点

阅读不仅仅是为了激发学生的阅读兴趣,同时也为了让学生在阅读中了解文本的特点,掌握一定的阅读方法。本节课就使用对比阅读、快速阅读、预测、做批注等阅读方法。

课堂上在学生阅读完整的《田螺姑娘》之后,趁着学生阅读兴趣高涨的热度,教师再次出示故事的结尾,引发学生思考:这个事的结尾跟我们学过的哪一个民间故事的结尾很像?学生就会不由自主地回顾已学的两篇民间故事《牛郎织女》和《猎人海力布》,不难发现这个故事的结尾和《牛郎织女》的结尾有相似之处,从而引导学生归纳文本的第一个特点——它寄托着人们朴素的愿望,那么学生会进一步产生思考:这两个故事还有什么相似之处呢?这时候就可以开展小组合作形式的课内对比阅读探究活动。学生们在小组内踊跃讨论,一个个精彩的回答令人惊喜,学生的表现远高于教师的预设。通过这样的对比阅读,可以让学生更直观地了解中国民间故事的特点,也方便学生在阅读课外民间故事时采用这样的方法。

(三)教学过程与解读评析

统编版语文教材设置"快乐读书吧"栏目,意在倡导整本书的阅读,鼓励多种题材的"海量阅读",帮助学生掌握基本的阅读方法,为学生具备独立的阅读能力夯实基础,同时促进多样化阅读思维发展。如何用活这一栏目,才能让学生逐渐走进阅读的世界,享受阅读的快乐,真正爱上阅读呢?

第一,有规划地进行阅读方法指导。梳理"快乐读书吧"的阅读主题,对学生整个学期的课外阅读起着提纲挈领的作用,从而解决"读什么""怎样读"的问题。教师要立足文本提供的阅读要素,指导学生掌握基本的阅读方法,并能灵活运用到阅读其他书籍的过程中,以扩大学生的阅读视野,促进课外阅读课程化。

第二,有计划地开展项目式阅读活动。以"快乐读书吧"提供的主题为起点,为学生量身定制一系列项目化共读活动,不仅给学生提供持续性的阅读体验,而且更容易触摸到他们的阅读兴趣点,激发学生长久的阅读兴趣。通过设置表演、朗读、摄影、习作、闯关等各种任务来引导学生完成延伸书目的阅读。通过生生共读,学生在一起读完整本小说,不仅可以收获有趣的童年故事,而且可以在一个个活动体验中领悟到童年的美好与友情的珍贵。这样的共读让书本的深层思想内化于学生的心灵,使课内阅读自然衔接课外阅读。

第三,策划活动养成阅读习惯。要让学生把阅读的意识外化为阅读的自觉行为,需要良好的阅读习惯来推动。"快乐读书吧"也格外重视学生阅读习惯的养成,为了达成这个教学目标,可以运用经济学理念开展阅读银行存款记录,激励学生每天进行课外阅读,阅读内容以"快乐读书吧"推荐内容为必读书目,每天规定一定的读书页数,由教师和家长共同督促,完成的学生可以存5个"公仆币",以此类推,一本书读完后,班级评选出阅读"银行大客户"。持之以恒,可以提高学生对阅读的兴趣,使阅读的行为外化在每一个角落、每一个瞬间。

(四)存在的问题或教学建议

"民间故事"这一单元,推荐学生阅读民间故事。"快乐读书吧"设计了两个内容板块:"你读过吗""相信你可以读更多",分别采用不同的形式推荐书目,为学生提供了更多的选择空间。如何激发学生的阅读兴趣,使其主动性得以发挥?可以从以下几个方面着手:

第一,巧用动画片和影视作品。很多民间故事都有成功的动画改编或被拍成了电影,如《田螺姑娘》《宝莲灯》《梁山伯与祝英台》《美女与野兽》,我们可以将动画片和影视作品中与"快乐读书吧"里相关的内容结合起来。在本单元中,我们选取了与"快乐读书吧"中相匹配的《田螺姑娘》动画片段,也可以将动画片和影视作品放在课堂的结尾部分介绍或播放,激发学生的阅读兴趣。

教师在课上放映这些作品的精彩片段后,再让学生阅读相应的民间故事内容。文本故事和音视频故事的对比阅读,可以激发学生的好奇心,产生阅读兴趣,吸引学生自主阅读更多的民间故事。

第二,设置预测环节。小学生是充满好奇心的,尤其对于未知的内容更感兴趣。可以利用小学生的这一心理特点,运用预测这一阅读策略,让学生对故事情节进行预测。通过课堂教学实践发现,学生们对于接下来的故事情节充满好奇,迫切地想去验证自己的预测是否正确。

学生对于未知的东西总是充满好奇,大胆预测也是语文阅读策略之一。"快乐读书吧"的"你读过吗"栏目只展示了《田螺姑娘》这个故事的节选,书中材料的戛然而止可以激发学生进一步探索阅读的兴趣。民间故事作为一种口头文学作品,具有通俗易懂、想象丰富的特点,是学生很感兴趣的文学作品类型。让学生自主预测故事后续的发展,学生的答案有可能大大偏离文本,但是教师无须揭示故事的后续,只需要认可和肯定他们的想法,给予学生自己验证预测是否准确的机会,以此来激发他们的阅读兴趣。教师把后续的故事藏在信封中,当学生拆开信封时,无论是喜悦或是失落,都是他们阅读课外读物时获得的一种很好的体验。

# 第七章　延伸式阅读教学模式创建

## ——"1＋N＋∞"阅读体系

小学语文教学强调对学生语文综合素养的培养与提升,包括识字、阅读、写作等方面。阅读教学不仅能够对识字教学的效果进行检验,而且可以为写作教学积累丰富的素材,其重要地位不言而喻。实际上,研习新课标所确立的语文课程理念、课程目标不难发现,新时代基础教育阶段语文课程的目标指向紧紧围绕"文化自信、语言运用、思维能力、审美创造"等四个维度,而这些素养目标的落实更是离不开阅读教学工作。然而,当前实际小学语文阅读教学效果并不佳,上海市浦东新区明珠森兰小学立足于温儒敏主编倡导的"1＋N"阅读教学理念,进而提出"1＋N＋∞""延伸式阅读教学"模式,通过构建完善的延伸式阅读教学模式,包括其概念、目标、内容、实施、评价等六个部分内容,以此来促进小学语文阅读教学成效的提高,从而实现学生语文综合素养的提升。

## 一、"1＋N＋∞"延伸式阅读教学体系概述

统编版小学语文教材尤为重视阅读,从三年级开始每册教材都安排了阅读策略单元,即让学生通过精读课文掌握阅读方法,然

后在略读课文中运用习得的阅读技巧,在此过程中逐渐学会将阅读策略进行融会贯通。同时,每册教材还设置了"快乐读书吧"这一板块,其意图在于将课外阅读与课内阅读相互衔接,使两者相辅相成,使得学生的阅读视野不局限于课内,而是能够以教材中的阅读文本为基点,延伸至更为丰富的课外阅读中,用课外阅读反哺、滋养、深化课内所学,从而促进学生语文阅读素养的提升。基于现行统编版小学语文教材,温儒敏主编倡导构建"1+N"阅读教学体系,即将"1"(课内阅读)与"N"(课外阅读)有机结合,通过大量阅读提高学生的阅读水平、语文能力,最终实现学生语文核心素养的落实。放眼现实语文教学实践,对于课外阅读而言,更多时候是出于学生自主选择性的阅读,教师虽然也为学生推荐一些课外阅读作品,但是也仅限于推荐而非强制,学生的实际阅读情况、阅读成效更是无从知晓,难以评估。

　　本研究依托温儒敏教授提出的"1+N"阅读教学理念,进一步提出了"延伸式阅读教学"的概念,它更加注重阅读策略的迁移和运用,即立足课内文本阅读,学习阅读策略和技巧,将课内所学方法延伸至课本之外的文章或者书籍阅读中,从而让课内习得的方法得以学以致用,真正实现课内外阅读有机沟通,增加学生的阅读量,扩大学生的阅读面,以此有效促进学生语文综合能力的全面提升。延伸式阅读教学构建了"1+N+∞"的阅读教学体系:以"1"为基础,夯实课内文本教学与阅读策略指导;以"N"为踏板,根据不同年级不同单元的要求,梳理出阅读延伸的点(即阅读方法),精选课外推荐阅读书目;以"∞"为目的,以各学段分类推荐书单为载体,选取符合学段目标的阅读策略进行实践,并将课内所学的方法延伸至课本之外的文章或者书籍阅读中,在此过程中形成与教材相配套的阅读书目体系,并通过设置不同形式的阅读任务和活动为任务驱动,保障学生阅读的持续性和有效性。可以发现,"整本书阅读""群文阅读"和"拓展阅读"等都比较侧重于"1"和"N"的实施,而对于"∞"的关注较少。所以,本研究在落实"课内文本阅读教学"和"推荐课外阅读书目"两个板块的同时,重视将"课外阅读"的内容无限延伸,以各学段分类推荐书单为载体,选取符合学段目标的阅读策略进行实践,并将课内所学的方法延伸至课本之外的文章或者书籍阅读中,同时通过形式多样的阅读展示活动反馈学生阅读成果,让课内习得的方法真正地发挥作用。

## 二、"1＋N＋∞"延伸式阅读教学的目标

教学必须在明确的目标引导下进行,延伸式阅读教学的实践应当围绕其目标有序展开与推动,利用有效的方法提高阅读教学目标的科学性与可操作性,从而不断促进高效小学语文课堂的构建,学校在数年的摸索实践中,提出了"1＋N＋∞"延伸式阅读教学的目标。

### (一)丰富阅读教学策略,促进语文阅读教学

阅读作为语文学科重要的组成部分,与写作教学并称小学语文课程的两大关键。但是小学生认知水平与能力受到一定的限制,阅读教学也成为一线语文教师的一大难点。当前的阅读教学情况是不容乐观的,不少教师更多关注或者偏重于课本教材的阅读教学,忽视了对教材外阅读资源的挖掘与拓展,一味地依赖现有的阅读教学资源,这样只能让学生浅显地了解书本上的相关内容,

而无法将阅读的无限性与丰富性充分发挥出来,最终只会导致课内阅读教学缺乏一定的深度与广度,影响了学生对文本的深入认知与解读,也无法让学生感受到阅读的文化意义。在这样单一的教材阅读教学中,教师往往为了赶课时进度,只重点讲解文章中心内容,而对文本中值得深挖与探讨的细节直接忽略或者是简要带过,那么这种阅读就只是浮光掠影、蜻蜓点水般的阅读,不仅使得阅读的连贯性不足,而且也缺乏一定的系统性。延伸式阅读教学意在打通课内外阅读,改善阅读教学现状,探索有效的阅读教学策略,促进语文阅读课堂的教学提升。比如,关于经典名著类的阅读教学,教师在授课过程中,不仅要关注学生对于这类文本阅读方法的掌握,学习其谋篇布局的写作技巧,品鉴其精巧构思的文章脉络,同时要延伸到整本书的阅读,实现课内外阅读资源的整合,丰富课堂教学内容,促进语文课堂的教学。总之,基于语文教材的延伸式阅读教学意在极大开阔学生的阅读视野,促使学生更好地养成自主的、良好的阅读习惯,增强阅读能力,改善阅读教学现状,丰富阅读教学策略,极大地促进语文阅读教学。

(二)激发学生的阅读兴趣,全面提升阅读水平与能力

小学生生性活泼,天真烂漫,好奇心强,认知发展主要以形象思维为主导,单一、固化的教学内容必然难以调动学生的阅读兴趣,阅读教学效果更是大打折扣。小学语文阅读教学的主要目标是培养小学生的阅读兴趣,引导学生从初步学习如何阅读,逐步发展为能够通过阅读进行自主地学习。因此,语文教师要充分调动学生参与阅读活动的积极性,让学生对阅读有动力、有热情、有兴趣,才能引导学生养成良好的阅读习惯。延伸式阅读立足于各年

龄段小学生的阅读能力情况,为其精选适宜的阅读材料,比如根据教材中的"快乐读书吧"板块向学生推荐相关课外书籍,也可以通过明确学生的阅读需求进行择取,这样不仅有利于帮助解决学生不知如何挑选课外书的困惑,而且也有益于增强学生的自主阅读意识与能力。毋庸置疑,阅读是贯穿语文学习的重要能力,这项能力在其他方面也能够彰显出来,语文教师要引导小学生从基础的童话故事阅读到成语故事阅读,从散文阅读到小说阅读,逐级递增阅读难度与深度,这也是对学生阅读能力的不断拔高与适时强化。学生在习得课内阅读知识与方法后,通过广泛阅读相应的课外书,以此加深对教材文本的理解,也扩宽自身的知识视野,并且在这个过程中强化学生的阅读能力,提升学生的阅读水平。概而言之,延伸式阅读教学旨在将课内阅读与课外阅读相互沟通,重视学生阅读方法的习得与迁移运用,在教师有目的、有计划、有意识地指导下提升学生的自主阅读能力,同时通过开展丰富多彩的阅读展示活动验收阅读成果,增强学生良好的阅读体验感,点燃学生的阅读热情,最终实现学生整体阅读水平与能力的全面提升。

(三)养成良好的阅读习惯,培养学生的语文核心素养

核心素养是当今信息化社会中必备的基本能力和素质,是关于学生知识、技能、情感、态度、价值观等多方面要求的综合表现,当下学科核心素养俨然成为指导教学工作的关键指示。新课标明确提出:义务教育语文课程培养的核心素养是学生在积极的语文实践活动中积累、建构并在真实的语言运用情境中表现出来的,是文化自信和语言运用、思维能力、审美创造的综合体现。由此可见,语文核心素养培养的内容包括语言运用、思维能力、审美创造

和文化自信,而这些素养的培养是离不开阅读教学工作的。教师通过引领学生在多姿多彩的阅读教学活动中习得与运用语言,训练学生的思维发展,培养良好的审美鉴赏能力,使优秀文化得以传承。而语文阅读教学的主要任务是培养学生的阅读能力和良好的阅读习惯,即教师在传授学生语文基础知识的基础上,要重视培养学生良好的阅读习惯,提高学生的阅读能力和人文素养。换句话说,阅读水平与能力的提升需要良好的阅读习惯作为有力保障。延伸式阅读就从课内文本阅读出发,找到拓展延伸的点,然后辐射至课外,借以激发学生的阅读兴趣与欲望,并指导学生掌握有效的阅读方法和技巧,例如摘录批注、圈点勾画、仿写改写,阅读时要做到眼到、口到、心到,而不是只动口眼不动手脑等,让学生带着思考和趣味去进行阅读,培养学生能够形成规范的阅读习惯,以此大幅提高阅读效率,增强阅读能力水平,塑造学生的语文核心素养。总之,基于核心素养的语文教学,内涵更深,覆盖面更广,不再是传统的培养学生的听、说、读、写技能,而是更为注重提高学生语言建构与运用能力、培养思维发展与品质、提高审美鉴赏与创造力、注重文化传承与理解。延伸式阅读教学意在探索有效的阅读教学策略,在丰富的阅读教学活动中培养学生的阅读习惯,推动学生语文核心素养培养目标的落实。

## 三、"1+N+∞"延伸式阅读教学体系内容

"和大人一起读""快乐读书吧"等教学资源往往被教师忽略,有的教师过度解读,没有给学生留下充足的思考空间;有的教师对课外阅读放任自流,认为这属于家长的任务。教师对教材的解读

不充分、不深刻，往往导致这一栏目的教学价值无法有效发挥。教师要把握好"教"与"不教"的度，充分利用教材资源，教授不同体裁文章的阅读方法，重视该环节的方法提炼与指导。为此，本研究尝试开展延伸式阅读教学"1＋N＋∞"模式的探索，尝试建构课内教读、自读和课外阅读"三位一体"的阅读课程体系，充分发掘"和大人一起读""快乐读书吧"这些栏目的积极意义，提升阅读教学价值，有效开展贴合各年级学生实际的有效的延伸式阅读教学。

（一）精准剖析"1"的阅读指导

"1"是指教材内的选文，可以是单篇课文，可以是"快乐读书吧"，可以是统编教材中专门为一年级学生设置的"和大人一起读"的板块。课内学好阅读方法："单篇的课文"可根据单元主题精心设计，将基础的阅读方法进行渗透。"快乐读书吧"栏目侧重读书方法策略的指导，激发学生阅读兴趣。教师在设计延伸式阅读教学时可以借助这些栏目，在教学时铺垫方法，拓展阅读，开展各种共读活动，落实延伸式阅读。

一年级语文教材在每个单元的最后都设置了"和大人一起读"这一栏目，共收录了16篇文章，帮助开展亲子阅读或者师生共读，促进交流分享。其体裁包括童话、寓言、诗歌、童谣、绕口令和散文六种。不同的文体有自身不同的特色，教学时教师可以把握住这些体裁的特点进行类文阅读和方法迁移。比如诗歌和童谣节奏感强，韵律十足，不适合用略读和浏览的方法，需要学生理解，还要学生诵读积累，可以让学生配乐唱着读、拍手读，你问我答地互动读。学生通过朗读可以更好地感受语言的节奏感、韵律感。低学段的诗歌通常还具有回环往复的特点，还可以对其进行再创作，深化理解。"和大人一起读"不仅是一种具体的阅读方法,而且体现了由课内阅读向课外阅读延伸的一种策略,在阅读材料中可以帮助学生习得阅读方法,为学生的课外阅读做好准备,播下独立阅读的种子。

统编版教材在三至五年级设立了"快乐读书吧"。这是统编版教材独有的编排,真正实现把课外阅读纳入教材体系中。在"快乐读书吧"栏目中,会针对一个特定话题,为学生们提供必须阅读的书籍。教师可以把这个话题当作"1"来讨论,并向学生们推荐一些好的读物。比如五年级上册第三单元是民间故事单元,这一单元安排了两篇耳熟能详的精读课文《猎人海力布》《牛郎织女一》和一篇略读课文《牛郎织女二》,让学生对民间故事有一个大致的认识。之后的"口语交际"又安排了"讲民间故事"的活动,目的是训练学生将学到的方法进行实践运用。而"快乐读书吧"板块则是为了让学生能产生阅读中国民间故事以及外国民间故事的兴趣,初步了解民间故事的特点,感受阅读民间故事的快乐,并乐于与大家分享课外阅读的成果。从单元整体来看,教师可以采取课内外相结合的方式开展民间故事阅读活动。课余阅读每天半小时,让学生课上交流故事内容,推进阅读,确保阅读量。所以教师可以以"快乐读书吧"为抓手,在明确了"快乐读书吧"在单元中的定位、了解了各板块特点之后,就能以此为参考,开启延伸式阅读教学之旅了。

(二)有序延伸"N"的阅读空间

新课标明确规定:第二学段(五至六年级)的课外阅读总量不少于100万字。要求一、二年级学生的课外阅读总量不少于5万字。因此,如何扩大学生的阅读量,激发学生的阅读兴趣是每一位语文教师需要去探究的问题。对文本的选择也是一个非常重要的环节,选择好的课文本可以提高学生的阅读兴趣,提高他们的思考能力,在进行阅读教学时,不仅仅要关注课文本身,也要通过课文向课外延伸,要从课文的结构特点把握课文的文体特点,并借助课外延伸实现知识的融会贯通。读什么,怎么读,如何落实,需要教师在开学前就制订整体计划,在学期中做好具体指导,引导学生在半开放的"N"类书籍延伸阅读中有效持续阅读。

1. 读什么——书籍的"N"类选择

第一,依据统编教材推荐阅读。统编版教材最引人注目的地方就是有系列丛书引导。例如,一年级上册推荐的名著阅读课程化丛书"和大人一起读"一共四册,编选了多篇优秀的儿歌、童谣和简短的故事,故事新奇有趣,角色性格丰富;下册推荐曹文轩、陈先云编著的《读读童谣和儿歌》,书中的童谣、儿歌内容简短,配有充满童趣的插图,内容生动有趣、朗朗上口,蕴含丰富的自然知识、人文知识,学生通过熟读童谣便能获取知识。一年级学生延伸阅读时,可首选这些文学作品。

第二,根据单元主题拓展阅读。教材会把同一主题的课文编排在同一个单元,这也为教学提供了非常大的帮助。在延伸式阅读教学过程中,根据主题进行拓展,可以不断强化阅读,提升学生的阅读能力和理解能力。[①] 以四年级上册第四单元为例,这一单元的主题是"神话传说",编排了《盘古开天地》《精卫填海》《普罗米修斯》《女娲补天》四篇文章,通过中外神话传说的对比阅读,让学生

---

① 曹玉婷.学习任务群与群文阅读教学融合初探[J].小学教学参考,2022(13):43-45.

初步了解神话故事的特点,感受神话故事的神奇。主题确定以后,教师可以引导学生根据主题来进行延伸式阅读,阅读更多神话故事。同时教师也可以让学生通过回忆联想到更多同类型文章。例如在学习完该单元的几篇课文后,教师可以组织几篇中外神话故事进行对比阅读,让学生了解中外分别是如何表现神话人物和神话故事的,同时为学生推荐更多的中外神话作品,如《嫦娥奔月》《夸父逐日》《达摩克利斯之剑》等,让学生体会中外神话故事不同的表达方式。

第三,巧用阅读链接延伸阅读。统编版语文教材根据课文内容和单元要素,从三年级开始编排了新的栏目——"阅读链接"。阅读链接通过对教材文本阅读主题的补充,拓展"N"的阅读边界,对于延伸式阅读教学的作用也是不容小觑的。阅读链接在一定程度上做到了"以读扩读",在单元要素的统领下,阅读链接所准备的篇目并不与课文内容完全相似,但是又契合单元主题。例如四年级上册第四单元的《普罗米修斯》一课补充了《燧人取火》的内容,课文是西方神话故事,而补充的内容是中国神话故事,但从单元主题上分析,又契合"神话故事"的主题视野。阅读链接作为拓展性阅读的材料,它所设置的目的之一便是增加学生的阅读量,提升阅读品位。学生阅读能力的提升需要阅读量的不断累积,除了精读课内文章,课外文章的阅读不可或缺。阅读链接是一篇文章带动阅读一系列文章的体现。学生除了在课内文章中感受西方神话故事中获取火种的神奇之处,还能感受中国神话故事中取火的神奇之处。学生将取火过程进行比较,在交流中,感受到取火方式的不一样,进一步体会到故事不同的神奇,从而找寻更多获取火种的故事,拓展阅读量。学生还能从补充的材料中发现《燧人取火》选自

《神话选译百题》一书,教师在教学中可以适当补充这本书的相关内容,进行推荐阅读,引导学生赏读不同的神话故事,拓宽阅读边界,提升阅读兴趣。

第四,借助推进绘图吸引阅读。阅读是要大量、持续进行的,教师在学生阅读的过程中应该起到引领者的作用,运用多种方法促进学生进行延伸式阅读。例如,四年级上册神话故事单元中《盘古开天地》一课就配有精美的故事绘图,演绎出了盘古开天地的起因、经过、结果。这些绘图不仅能让学生学习把握文章的主要内容,而且有利于学生感受神话中神奇的想象和鲜明的人物形象。所以在"快乐读书吧"教学伊始,教师可以先让学生采用多种途径搜集神话故事,可以做成整理记录卡,也可以让学生制作情节推进图,用简洁的语言写清楚自己想推荐的神话故事的起因、经过、高潮和结果,引导学生通过绘画等形式丰富内容,使其更加趣味化,完成后在口语交际课上进行交流分享。课后将情节推进图进行回收,留到对比阅读活动时用,借此引导学生去读更多的故事,保障阅读的持续进行。学生对于这样的情节推进图非常感兴趣,乐于去制作并与同伴分享自己的故事。在口语交际过程中利用情节推进图不仅能使学生把故事讲清楚,达到口语交际的预期目标,还能激发其他学生阅读这本书的兴趣,提高学生对于阅读的期待。

2. 怎么读——有效指导

第一,指导学生读。有了"1"的方法指导为前提,"N"的阅读在于用"法"。教师从教材的阅读策略入手,制定分学段的阅读推荐书单,帮助学生将学到的知识、方法运用于自主阅读中,在学生阅读课外推荐书目的过程中,教师以画思维导图、制作人物档案、绘制阅读记录卡、做批注等活动为任务驱动,训练学生进行有效阅读。同时,可以邀请学生交流所阅读的内容，对于学生不理解的内容给予一定的帮助和指导。

如统编版语文教材三年级上册第四单元中，教材通过《总也倒不了的老屋》等三个有趣而生动的故事，使同学们对"预测策略"有了一个比较全面的理解，并初步掌握了一些预测的技巧，在此基础上，教师可以指导学生利用课文中的批注和课后习题，进一步巩固和强化对预测的认识，提高学生的预测能力。首先，引导学生关注批注的位置，并交流自己产生预测的地方，从而发现可以在哪些地方进行预测。其次，引导学生关注可以预测的依据，预测依据可能是自己的生活经验，也可能是自己的阅读经验。此外，在教学中，教师还可以引导学生关注插图、故事的情节发展、细节描述和结局等处的旁批，引导学生思考各处旁批预测的依据等等。最后，在本单元学习结束后，可以推荐学生阅读和本单元主题相关的文章，通过此类拓展性的阅读，激发学生对预测的兴趣，培养学生运用预测策略阅读课外书的意识和能力。

第二，指导家长共读。小学生由于其价值观、自律性、世界观等尚未成形，加之使用互联网搜索信息的方式很有可能成为学生趁机用手机看电影、玩游戏、看视频的借口和契机，所以，教师在为学生设置具有差异化的主体性阅读内容之后，也要与家长沟通好，运用好亲子阅读时间，帮助学生培养阅读兴趣的良好习惯。

教师要向家长介绍共读的方式方法和关注的侧重点，如关注阅读习惯：读书姿势要正确，引导学生学会"指读"。关注朗读：配乐打节奏，共同感受语言的节奏和韵味，分角色朗读，全家齐上阵情景剧表演故事，竞赛朗读等。创设情境：角色扮演，体验阅读的魅力。活用插图：低学段的学生多以具象化思维为主，家长可以充分运用阅读材料中的插图,深层激活学生阅读的认知兴趣和思维能力等等。

(三) 无限强化"∞"的阅读兴趣

在落实完善"1+N"的基础上,重视阅读拓展,教师要关注学生的阅读兴趣是否有提升,学生能否做到享受阅读。教师可以通过多种形式帮助学生在更大范围内训练阅读能力,培养阅读兴趣,以阅读帮助自我学习和终身学习,将阅读的快乐无限延伸,"悦读"成长。

第一,为了保持学生对阅读的热情,也为了提高学生的阅读效率,可以让学生有一定的选择权,结合自己的兴趣,挑选自己喜爱的书籍,感受阅读的魅力。阅读后,可以请学生推荐自己喜欢的图书,互相交换,参加图书漂流活动,还可以制作阅读记录卡,记录自己的阅读轨迹,留下自己的阅读感受,以此逐步扩大阅读量。

第二,有计划地开展项目式阅读活动。以"快乐读书吧"提供的主题为起点,为学生量身定制一系列项目化共读活动,不仅给学生提供持续性的阅读体验,而且更容易触摸到他们的阅读兴趣点,激发学生长久的阅读兴趣。[①] 在学生获得持续的阅读输入后,教师还可以开拓一些展示平台,让学生将自己的所思所想所得表达出来,加深他们读书的成功体验。例如,开展线上交流会,增加表达机会。如教师在教学《谁会飞》时,可以引导学生关注文本一问一答的特殊形式,做一回小诗人,说说其他动物的活动方式。还可以

---

① 吴英.用活"快乐读书吧",让孩子享受阅读[J]. 人民教育,2022(Z1):103-104.

搭建课堂小舞台,展示交流。开展分享交流会,每天午间抽出5分钟时间,让学生轮流展示交流自己的收获,激发学生积极参与、共同交流的积极性;学生可以朗读,可以说感受,说疑惑,可以创编。

第三,制订活动计划,培养读书的习惯。要使学生从"读书意识"到"读书自觉",就必须培养良好的读书习惯。可以运用制订阅读计划、解锁奖章等形式激励学生每天进行课外阅读,在教师、家长的协助下制订好难度适宜的阅读计划单,每天按照计划规定读书,由教师和家长共同督促,完成的学生可以解锁一个成就勋章,以此类推。一本书读完后,班级评选出解锁最多奖章的"成功人士"。持之以恒,可以提高学生对阅读的兴趣,使阅读成为一种习惯。

延伸式阅读教学并不止步于推荐,在学生心中激起阅读欲望的涟漪,还有后续的阅读输出,教师可以开拓更多元更精彩的展示平台,让学生将自己的所思所想所得表达出来。如此,学生在阅读的过程中才能有更多的学习收获和更为丰富的阅读过程性体验。

## 四、"1+N+∞"延伸式阅读教学体系评价

（一）实时反馈,加强交流指导

学生对课外知识有强烈的求知欲,但如何有效地进行课外阅读、检验自己阅读的效果呢?组织交流反馈是很有必要的。学生从交流讨论中一方面能比较自己和他人的阅读量,了解自己没看过的书,另一方面能吸收别人更好的阅读方法,提高自己的阅读效率。交流分享的方式有很多,例如口头交流,写读书笔记、读后感,

参加知识竞赛等。例如，学生在学习完《少年中国说（节选）》后阅读了该作者的其他书籍，然后老师让学生以小组的形式根据提出的问题进行交流分享。学生自由分组，用两个星期的时间围绕梁启超这位爱国人物探究其立志报国的原因，最后在班级中进行分享。在这个过程中，教师欣喜地看到学生分组和讨论的热情高涨，教师引导阅读和理解能力较弱的学生和能力较强的学生组队，能力较强的学生在队伍中担任组长，起到引领作用。其中一个小组还通过调查问卷的形式向大家展示他们借助课外书籍对梁启超展开的研究。这个小组根据课外书籍中所获得的知识，在问卷中设计的核心问题之一是：通过课内外阅读，你觉得下列哪部作品是梁启超最有代表性的作品？通过交流活动，学生将课堂所学和课后阅读相结合，仿佛走进了梁启超所在的那段风云变幻的岁月，深刻理解了他的百年强国梦，进一步激发了自身的民族自豪感和爱国情怀。这样的阅读方式让学生感到有趣，同伴间又能相互影响，在产生兴趣后学生会主动阅读，从而更好地了解课文内容。

小学语文教师应打破语文课本的局限性，借助教材延伸阅读，根据不同阶段学生的身心特点，教给学生多种阅读方式，激发学生的阅读兴趣，为学生科学地选择阅读读物，将课堂与课外拓展阅读相融合，拓宽学生视野，培养学生阅读能力，为语文学习奠定良好基础。

（二）建立评价体系，激励持续阅读

除了以画思维导图、讲故事、创编课本剧等任务为驱动，引导学生认真、有效地阅读，教师还可以通过学生自评、教师评价、生生互评、家长评价等不同的评价方式，从阅读的时间、阅读的态度、阅读的专注度、阅读的成效等不同维度建立学生的阅读情况评价体系,以保障学生阅读的持续性。学生自评、同伴评价以及家长评价的加入,无形中为学生的阅读营造良好的阅读氛围(见表64)。在这样的阅读氛围中,学生们相互激励,使得持续阅读有了更大的可能性。

表64　星级评价表

| 评价内容 | 评价指标 | 星级评价参考 | 评价 | | |
| --- | --- | --- | --- | --- | --- |
| | | | 自我评价 | 家长评价 | 同伴评价 |
| 阅读时间 | 每天累计阅读时间1小时以上 | 3颗星:每天能保证1小时以上的阅读时间<br>2颗星:每天能保证半小时左右的阅读时间<br>1颗星:每天能坚持阅读,阅读时间少于10分钟 | | | |
| 阅读专注 | 每次都能专心致志地阅读,并且不会受周围人和事的影响 | 3颗星:每次阅读注意力集中,不被身边事物影响<br>2颗星:大部分时间能专注阅读<br>1颗星:能坚持阅读,但易受周围人的影响 | | | |
| 阅读记录 | 能做好读书摘记、批注。能梳理出文中的人物关系、故事线索,记录阅读收获等 | 3颗星:能自觉做好读书摘记、批注。能梳理出文中的人物关系、故事线索,记录阅读收获等<br>2颗星:能按照要求做好读书摘记、批注<br>1颗星:能坚持阅读,在书上做简单的批注 | | | |

续 表

| 评价<br>内容 | 评价指标 | 星级评价参考 | 评价 | | |
|---|---|---|---|---|---|
| | | | 自我<br>评价 | 家长<br>评价 | 同伴<br>评价 |
| 阅读<br>分享 | 能将阅读的内容、收获、启示等与他人分享交流 | 3颗星：能积极主动分享，并有自己的见解<br>2颗星：愿意分享，并能从其中一个方面有条理地与他人分享<br>1颗星：愿意分享，分享内容简略 | | | |

# 后　　记

　　阅读,是中小学语文课程中最重要的学习领域,是学生获取知识和信息的主要渠道,也是学生陶冶情操、提升自身综合素质的有效途径。通过阅读,学生不仅能丰富语言积累,还可以了解与感知这个世界,然而阅读内容如果仅限于教材,对于提高学生的阅读能力只是杯水车薪,因此就有必要开展延伸式阅读。延伸式阅读作为课外阅读的一种形式,以课内文本为基点,从题材、作者、时间、情感、写作手法等方面进行阅读文本的横纵向拓展,好似在学生心中埋下一颗颗阅读的种子,学生随着枝叶攀爬汲取知识养料。延伸式阅读能够有效激发阅读兴趣,帮助学生拓宽阅读面,增加阅读量,提高阅读能力。

　　上海市浦东新区明珠森兰小学从 2016 年开始致力于"延伸式阅读教学"的理论研究和实践探索,努力践行"和智慧一起幸福成长,让生命色彩快乐绽放"的办学理念和"博学笃行、慎思明辨"的校训,以"谨养智慧校园、滋养家国情怀、润养国际视野、涵养卓越人生"为办学长期愿景。7 年多来,我们取得了一系列丰硕成果,学校获得市级、区级多项荣誉,教师公开发表教育教学论文 40 多篇,师生个人荣获多项国家级、市级、区级荣誉。学校始终以质量为核心,依托"延伸式阅读教学"项目,不断探索学校内涵发展之路,在实践中脚踏实地地探索合适的办学特色,赢得了区域民众的高度认同,成为一所家长心目中的家门口的好学校。

  写作是漫长而艰辛的,无数个日日夜夜的伏案工作和反复修正,在历经7年多的理论研究和实践探索后,本书即将付梓,感谢一路走来给我提供帮助的专家、领导和同事,感谢课题组全体老师,感谢上海师范大学吴立岗教授的指导,感谢上海师范大学吴艳副教授团队给予的精心指导,感谢上海大学出版社编辑的审校加工。正因为有了各位的厚爱,才促使我对"延伸式阅读教学"研究一直保有着热情和执着。

  宝剑锋从磨砺出,梅花香自苦寒来!

  因为坚信和坚守,所以看见!

  是为后记。

马宇萍

于2023年8月30日